ものづくり改善
入門

藤本隆宏 ──── 監修

一般社団法人ものづくり改善ネットワーク ──── 編

中央経済社

はじめに

本書の目的

　本書は，ものづくり経営学の講義ノートをベースに，一般社団法人ものづくり改善ネットワーク（MKN）が編集したもので，現在，東京大学ものづくり経営研究センター（MMRC）と上記MKNが支援する形で全国十数か所の自治体で開講している「地域ものづくり改善インストラクタースクール」（自治体により名称が異なるので以下では「地域スクール」と総称）の教科書・参考書，あるいは講師の皆様のティーチングマニュアルとして役立てることを意識して作られています。

　とはいえ，ものづくり経営学の入口のテキストとして，全国で活躍奮闘するものづくり経営の実践者や政策担当者の皆様，たとえば中小企業の経営者，工場の責任者，管理監督者，従業員の皆様，あるいは官公庁や各自治体の政策担当者の皆様にもお読みいただければ幸甚です。

本書の前史

　この本の成立過程には積み重ねの歴史がありますので，それについてまずお話します。

　藤本は米国ハーバード大学経営管理大学院（いわゆるビジネススクール）の技術・生産管理学科で1989年に博士号をいただき，1990年に東京大学経済学部・大学院経済学研究科の助教授（今でいう准教授）として着任しました。私の学部講義担当科目は，恩師の土屋守章先生から引き継いだ「経営管理」でしたが，当時，東京大学経済学部に生産管理や技術管理を全般的に教える科目がなかったので，内容的には，ハーバード大学で学んだ技術・生産管理（Technology and Operations Management）を骨格として，そこに日本の事例や自分の考えを入れて，自分なりの「経営管理」の授業を始めました。1990年代はじめ，バブル崩壊，金融不況，冷戦後のグローバルコスト競争激化で，日本のものづくり企業が自信を失い始めたころのことです。

　当時は直接的に下敷きになる教科書が日本にはなかったので，講義ノートは一から作りました。最初は，その頃はやりのワープロマシンで作った原稿をA3サイズにコピーし，その紙の束を二十数回分用意し，約50時間分の講義ノートの束を持ち歩いていました。黒板書きは要点のみにとどめ，それに加えて映写資料を使いましたが，それも最初はOHP（オーバーヘッドプロジェクター）

の透明なビニール用紙だったのを，徐々にパソコンのプロジェクター資料（1,000枚近く）に切り替えました。

　授業を始めた90年代初めごろは，さすがに大学の講義では緊張して，講義ノートを棒読みすることが多かったのですが，だんだん慣れてくると，講義ノートは，言うことを忘れた時や正確な数字などが必要な時だけ参照するようになり，21世紀に入ったあたりからは，講義ノートはまったく見ずに，アドリブで授業をするようになりました。したがって，まったく同じ内容の授業を二度やることはありません。

教科書作り

　やがて，分厚いA3の紙の束として存在していた講義ノートを，この際，文系向けの生産管理の教科書にしようという話が日本経済新聞社殿から持ち上がり，同社出版局編集者の堀口祐介氏の協力を得て，2001年に『生産マネジメント入門Ⅰ・Ⅱ』が出版されました（藤本 2001）。この本の標題も堀口氏によるものです。当時の講義ノートの多くの部分が，この約700ページの教科書に吸収されました。また，専門家が各章を執筆する編集本として，同様の章立ての『生産・技術システム』（藤本編著 2003）も出版されました。

　2010年代になると，これに放送大学の教科書である『グローバル化と日本のものづくり』（中沢孝夫先生，新宅純二郎先生との共編著，藤本・中沢編著 2011, 藤本・新宅編著 2015）も加わりました。このように，最初の講義ノートの束から枝分かれして，いろいろな「ものづくり経営学」の教科書ができていきました。

MMRCの設立

　その間に，2004年には，国の資金的支援を受けた21世紀COE（センターオブエクセレンス），後のグローバルCOEプロジェクトとして，東京大学に「ものづくり経営研究センター（MMRC）」が設立され，私はその代表になりました。MMRCでは，通常のものづくり経営学の学術研究と並んで，日本の有力企業十数社（現在は約30社）と産業を越えたものづくり知識の共有を目指す「ものづくり経営コンソーシアム」と，産業・事業を越えて現場の改善指導ができる「現場改善の先生」を育てる師範学校としての「ものづくりインストラクター®養成スクール」を収益事業の二本柱としています。約10年間の国の支援の終了後，このMMRCは，国の資金にも大学の資金にも寄付金にもほとんど頼らず，ほぼ事業収入だけで自活する，東京大学でも珍しい産学連携組織に

なりました。

　この二本柱の一つである「東京大学ものづくりインストラクター養成スクール（以下「東大スクール」）では，毎年秋に2か月以上にわたって，企業の中核的な製造現場担当者や退職後のベテランものづくり経験者が10人前後，毎週金曜と土曜に東大MMRCに集まり，座学と現場実習の後に「東京大学ものづくりインストラクター」の修了証を取得し，企業の改善指導リーダーや，前述の「地域スクール」の校長先生として活躍しています。2016年度までで，修了者数は140人に達します。

　この「東大スクール」では，藤本の座学の授業だけでも約50時間に達しますが，その講義ノートは，前述の大学での講義ノートをベースに，新しい理論や手法や事例の話を加え，さらに，大学生には話さない「実践指導編」を大幅に書き加えました。この講義ノート自体は，上述の「東大スクール」の修了生及びそのスポンサー企業（いわばPTA企業）のみに開示され，一般公開はしていません。

地域スクールとMKN

　東大ものづくり経営研究センターのもう一つの取り組みが，前述の「東大スクール」から自治体の「地域スクール」への展開です。

　東京大学ものづくり経営研究センターが教材面などを支援し，基本的には「東大スクール」の修了生が「地域スクール」のいわば校長先生になる形で，2017年3月現在，群馬県，新潟県長岡市，茨城県，東京都，静岡県，愛知県幸田町，三重県，滋賀県，和歌山県，福井県，広島県，宮崎県延岡市で，すでに「地域スクール」が開校しています。2017年度には長野県が新たに諏訪でスクールを開校すべく，準備をすすめています。

　いずれの地域スクールも東大スクールに準じた教育体系で，毎年200人を超える修了生を輩出しており，主に地元の中小企業のものづくり現場の改善支援で活躍しています。また，山形大学，北海道室蘭市，韓日産業・技術協力財団などとも，スクール運営やインストラクター派遣で協力関係にあります（藤本・柴田編著 2013）。

　このように「地域スクール」の数が増えてきたので，国立大学法人東京大学の機能だけでは限界があると考え，2013年に一般社団法人ものづくり改善ネットワーク（MKN）を設立しました。MKNは，「地域スクール」の運営や設立に関連する自治体や国の関連官庁（経済産業省，同中小企業庁，厚生労働省，金融庁など）の情報共有の場として機能しています。そして今回の出版の主体

は，この「ものづくり改善ネットワーク」すなわちMKNです。

またMKNの活動の一環として，個人単位で参加できる「ものづくりシニア塾」を開設，ここも2016年には第三期生が修了し，すでに43名の修了生の多くが，全国のものづくり現場における改善指導や地域スクールの中核として活躍しています。

最近は，欧州の自動車メーカー某社の現場改善協力など，国際的な活動も活発化しています。シニア塾でも藤本他の講師陣（東大スクール修了のベテランが中心）が合計約60時間の講義を行っており，そのためのスライド配布資料などの教材を適宜作って受講生に配布してきました。

この本の成り立ちとねらい

ここでようやく，今回の出版の直接の経緯のお話になります。

MKNは現在，藤本が代表理事，東大で同僚の新宅純二郎教授が理事，福田隆二氏が理事・事務局長，猪瀬敏明弁護士が監事，それから事務局の横井隆編集スタッフと福田拓途事務スタッフという体制ですが，全体の運営を指揮する福田事務局長の発案で，今回の本を作ろうという話になりました。

地域のものづくり現場の改善指導を行える人材を育て確保する取り組みは，これまでも各地の自治体等で行われてきており，むろん成果もあげていましたが，私たちMMRCやMKNからみると，長期的な継続性という面で，以下の問題を抱えるケースが少なくありませんでした。

第1に，自治体が，ものづくり現場で長年の経験と識見を持つベテランに「ものづくりマイスター」等の称号を与えて登録していることは，確かによくあります。しかし，登録はしたが，実際に現場改善の仕事は来ず，休眠状態の場合が少なくありません。これでは意味がありません。彼らに改善の仕事がちゃんと回る仕掛けが必要です。

第2に，ものづくり現場改善インストラクター育成講座のようなものを自治体で行っているケースもよくみかけますが，往々にして，ものづくり改善のプロや先達をあちこちから集めてオムニバス（寄せ集め）方式で講義を組んでいることが多いです。無論それぞれ見識の高い方々の講義でしょうから，それぞれためにはなると思いますが，全体を通しで聞いた後で，すぐに現場改善の先生になれるような首尾一貫した知識が得られるかというと首が傾げます。

これに対し，われわれ東大MMRCやMKNは，全国各地の現場で企業や産業の違いを越えて改善指導ができる「ものづくり改善の先生（インストラクター）」を実際に育てる師範学校が必要だと考えています。その場合，講師陣

も講義も多彩であってよいのですが，ものづくりに関する最低限の統一見解に基づいた，首尾一貫した内容の講義が行われる必要はあると考えています。トヨタ生産方式の本流の指導者の皆さんが，ほぼ例外なく「個々のテクニックを学ぶ前に根本の生産思想を学ばねばいけない」とおっしゃっているのと同じ考え方でしょう。

　本書は，そうした基本的な考え方を，地域スクールの受講生の皆様，あるいはより広く，全国のものづくり現場の改善のために奮闘する皆様に共有していただきたいという動機で書かれた本なのであります。

改めてものづくり論とは

　では具体的に「ものづくり」の基本的な考え方とは何か？

　これも，専門家によって見解はいろいろありうると思います。が，筆者が，1981年に初めてお会いしたハーバード大アバナシー先生や，1984年にお話を伺ったトヨタ自動車元副社長の大野耐一氏など，先達から学んだこと，および1,000回以上の現場観察と1,000回以上のものづくり講義の中で煮詰めてきたコンセプトを凝縮するなら，「ものづくり」とは，市場に向かう「良い設計の良い流れ」を作ることで，「お客様が喜んだ，利益が確保された，雇用が守られた」といういわば「三方よし」の状況を達成するための企業・産業全体の努力のことを指すのだ，と考えています。つまり，ものづくり改善とは，付加価値の「流れ改善」であり，付加価値は設計情報に宿るので，それは結局「良い設計情報の良い流れ」を作ることに他ならないのです。

　端的にいうなら，少なくともこの「ものづくりは流れづくり」という考え方だけは皆で共有していないと，「地域スクール」を含むものづくりインストラクター育成は，バラバラで効力の薄いものになってしまうのではないかと私は危惧します。

　その詳細は，本文に書いてありますのでここでは多くを語りませんが，私が毎回の講義で特に強調しているのは，たとえば以下のようなことです。

- 「現場」とはお客様に向かって付加価値が流れる場所である。
- 付加価値は設計情報に宿る。
- 生産とは設計情報の転写である。
- 開発とは設計情報の創造である。
- ものづくりとは市場に至る「良い設計の良い流れ」を作る全体活動である。
- ものづくりは「流れ」づくり，流れづくりは「流れを作る人」づくりで

ある。
- ものづくりは広義の概念であり，必要な修正を行えばサービス産業にも適用できる。

より具体的に言うなら，良い設計の良い流れづくりは，良い流れをコンスタントに作る「組織能力」と，良い設計を支える設計思想すなわち「アーキテクチャ」という2つの領域に分かれますが，この本では前者，つまり「良い設計」は前提としたうえでの「良い流れづくりのための組織能力構築」の話に集中します。その要点は以下のとおりです。

- ものづくり組織能力とは良い流れを制御する多数のルーチンの束である。
- 戦後日本の優良現場の組織能力は，多能工のチームワークで流れを作る調整力にある。
- ものづくり組織能力は創発的に（怪我の功名などを伴いながら）進化する。
- 製品の競争力は「表の競争力」，現場の競争力は「裏の競争力」である。
- 裏の競争力の三本柱は，生産性，リードタイム，品質である。
- 現場の生産性は，発信側の設計情報転写の速度と密度（付加価値時間比率）で決まる。
- リードタイムは，受信側の設計情報転写の速度と密度（付加価値時間比率）で決まる。
- 総合品質は，設計情報の創造の精度（設計品質）と転写の精度（製造品質）で決まる。
- 設計情報が流れていない状態を「ムダ」という。
- ムダを減らして「良い流れ」を作るのがものづくりの基本である。
- 品質を大前提とするなら，コストダウンより「流れ」づくりが先である。

また，ものづくり論は，「良い設計」論，特に設計思想（アーキテクチャ）に関する分析と改善も必須の部分ですが，本書はそこまではあまり立ち入りません。あくまでも生産現場の改善論がこの本のテーマです。しかしながら，「良い流れ」だけ作っても，そこを流れるのが「良い設計」でなければ，あるいは全体のビジネスモデルの設計が良くなければ，現場だけ頑張っても浮かばれないということもまた，グローバル競争で苦闘する日本の多くの優良現場が経験してきたことです。そうした「良い設計論」，「アーキテクチャ論」の要点は以下のとおりです。

- 設計とは人工物の機能と構造の関係を示す情報である。
- 製品（商品）とは取引され利益を生む人工物である。
- 製品設計の具体的側面を固有技術，抽象的側面を製品アーキテクチャと言う。
- 機能要件や制約条件の変化により製品アーキテクチャも進化する。
- 調整能力の高い日本の優良現場は，調整集約的な擦り合わせ型（インテグラル）アーキテクチャの製品で比較優位を持つ傾向がある。
- 日本の企業は，オープンアーキテクチャの産業で有効に戦う戦略構築能力が弱く，その再構築が必要である。

これらについては，筆者らの他の本を参考にしていただきたいと思います（藤本・武石・青島編著 2001，藤本 2004，中沢・藤本・新宅 2016，他）

本書の執筆体制

　以上のような，長い経緯と多様な背景を踏まえ，藤本のこれまでの「ものづくりシニア塾」等での配布資料や講義ノートをベースとして，MKNの福田事務局長と横井編集スタッフが原稿を起こし，加筆編集を施す形で作成されたのが本書です。すでに述べたように，そこには，藤本のほぼ四半世紀の講義ノートの積み重ねが反映されています。つまり，今回の本の文章の中には，二十数年前の東大講義から一貫して変わらない部分もあるし，最近の講義でつけ加わったICT（デジタル情報技術）関連の議論も一部含まれています。

　福田MKN事務局長は，1970年代から約40年にわたって，いろいろな形で藤本のセミナー原稿や発表資料の取りまとめに携わってきており，また横井編集者も，これまで何冊も藤本が関わる本を編集してきた実績があります。いわば，藤本の講義の行間まで読み込むことができる二人のMKN関係者が，藤本が様々なところで行ってきた講義を，学術関係者や学生以外の方々にもわかっていただけるような形でまとめなおしたのが，今回の『ものづくり改善入門』です。

　本書の出版は，中央経済社殿と出版方針で合意ができたのでお願いすることになりました。編集の労をおとりいただきました酒井隆氏にこの場を借りてお礼申し上げます。

謝辞

　こうした長年の教科書作りの積み重ねの上に成立している本なので，謝辞を

お送りすべき方々の数はあまりに多く，ここでお名前を列挙することはとてもできませんが，そのすべての皆様に深くお礼申し上げます。

特に，現場研究という本書の分野で，学生・サラリーマン・学者を経た私の若手修行時代に大きな影響を授かった御三方，元東京大学教授の故・土屋守章先生，元法政大学教授の故・下川浩一先生，元ハーバード大学の故・ウィリアム・アバナシー先生に，この場を借りて深くお礼を申し上げたいと思います。1981年の夏，東京でこの御三方が一堂に会し，ものづくり論で楽しく談笑しておられたのを，懐かしく思い出します。そうした学界における現場現実主義の巨頭たちのお考えが，本書を通じて，少しでもよく伝わっていけばうれしく思います。

2017年3月，フランス・リヨン大学・高等師範学校の研究室にて。

東京大学　藤本隆宏

CONTENTS

はじめに・1

●第1章
ものづくりの基礎概念 ... 13

1　「ものづくり」とは何か？ ————————————— 13
2　「ものづくり」とは設計情報の転写である ——————— 14
3　改善活動は，良い流れづくり ————————————— 18
4　現場を見る視点 —————————————————— 20
5　ものづくり改善インストラクターをめざす方へ ————— 21

●第2章
ものづくりの競争力 ... 25

1　「競争」とは ———————————————————— 25
2　企業・現場のあるべき姿の指標化 —————————— 25
3　表の競争力と裏の競争力 —————————————— 29
4　ものづくり組織能力の構築 ————————————— 32

●第3章
プロセス分析 ... 37

1　生産プロセスの記述 ———————————————— 37
2　工程流れ図 ———————————————————— 39
3　ボトルネックを見つける —————————————— 48
4　ものと情報の流れ図 ———————————————— 52
5　時間軸に沿ったプロセス記述 ———————————— 55
6　パフォーマンスの測定 ——————————————— 60

●第4章
コストと生産性 ─────── 63

1 原価管理と原価企画 ─────── 63
2 生産性の概念とその測定 ─────── 70
3 インダストリアルエンジニアリング（IE）の諸手法 ─────── 73
4 管理と改善 ─────── 79
5 ものづくり現場におけるコストダウンの方向性 ─────── 87
6 兆候のリスト ─────── 89

●第5章
納期と工程・在庫管理 ─────── 93

1 納期 ─────── 93
2 工程管理 ─────── 97
3 在庫管理 ─────── 112
4 工程改善策 ─────── 138

●第6章
品質管理 ─────── 147

1 品質の概念 ─────── 148
2 品質の測定 ─────── 151
3 品質不良の概念 ─────── 154
4 品質のコスト ─────── 160
5 品質管理 ─────── 163
6 検査の方法 ─────── 174
7 TQC・TQM ─────── 180

●第7章
フレキシビリティ ─────── 195

1 フレキシビリティの概念 ─────── 195

2 部品のフレキシビリティ	198
3 工程フレキシビリティ（工程の汎用化）	206
4 フレキシビリティの全体最適化，アーキテクチャおよび位置取り戦略	211

参考文献・223

第1章 ものづくりの基礎概念

1 「ものづくり」とは何か？

　私たちが言う「ものづくり」とは、テレビなどが喧伝するいわゆる「職人の匠の技」といった狭い定義によるものではありません。より日本の現場で実際に使われている用法に近いものです。すなわち、設計論、生産管理論、経済学などにもとづく広義な概念で、生産現場にかぎらず、開発現場や販売現場も含まれます。

　「もの」と言うと製造物を思い浮かべる方が多いと思いますが、本来は「広義には対象を特定化せず一般的・包括的に言う語であり、人間が知覚し思考し得る対象の一切である（『大辞林』第2版，三省堂）」とされています。いわゆる設計情報、作り手の想いも「もの」であると考えれば、「ものづくり」とは、もの（設計情報）をモノ（媒体＝材料、サービス業では顧客）に作り込む行為と言うこともできます。

　こうした広義のものづくりは、「良い設計の良い流れ」によって、顧客満足、企業利益、雇用確保の「三方良し」を実現するための産業・企業・現場活動の全体を指しています。付加価値は設計情報に宿っているので、「付加価値の良い流れ」を作るための現場主導の活動です。すなわち、「ものづくりの現場」（以下「現場」）とは、「モノ」ではなく「付加価値」が生まれ流れる場所のことになります。

　コップを例にとれば、顧客はデザインや飲みやすさなど、コップの機能を付加価値として評価します。このとき、材料すなわち媒体が紙であれガラスであれ、どちらもコップと呼びます。つまり、コップとは設計情報の名前なのです。自然石に水が溜まる窪みがあったとしても、それを「コップ」とは呼ばず、あくまで「石」です。なぜならそこには設計者の意図が感じられないからです。

すなわち，「ものづくり」とは，媒体つまりモノに，設計情報つまり設計者の想いを作り込むことを指します。またこのとき，媒体が有形（例えば鉄板や紙など）であれば製造業であり，無形（例えば空気の振動や電子情報など）ならばサービス業になり，設計情報が流れる現場という意味では，製造業とサービス業に違いはありません。

　そもそもサービスとは，製造物の構造を操作することで発生する機能のことであり，一方製造業では，生産設備を操作することで発生した生産サービスによって製造物を作っていると言えます。「**サービスなくして製造なく，製造なくしてサービスなし**」なのです。

　製造にせよサービスにせよ，産業の課題は「良い設計の良い流れ」によって付加価値を生み出すことであり，これが国民経済の土台であると私たちは考えます。

2　「ものづくり」とは設計情報の転写である

　ものづくりの基礎概念の第一歩として，「ものづくりの本質は設計情報の創造と転写である」，「ものづくりとは，お客様へと向かう設計情報の流れをつくることである」という考え方になじんでいただくことからはじめましょう。実は，本書全体が，この考え方にしたがって編成されています。

図1－1　ものづくりとは，設計情報を創造し，媒体に転写すること

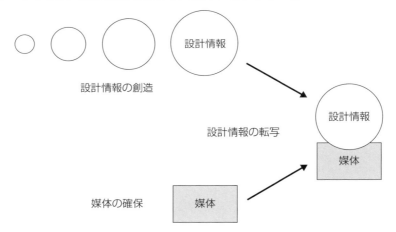

この「ものづくり観」が，本書全体の骨組みを支える

出所：藤本隆宏・東京大学「経営管理」その他の講義資料より作成。

1 ものづくりの基礎概念

あらゆる業種に応用できる視野の広いものづくり論は、設計情報（あるいは、こういうものを提供したいという"想い"）を重視します（図1−1）。

この視点から見ると、設計とは人工物の機能＋構造＋それらの対応関係、製品とは人工物＝設計情報＋媒体、工程とは人工物＝設計情報＋媒体、開発とは設計情報の創造、生産とは設計情報の媒体への転写、購買とは媒体の調達、販売とは設計情報の顧客への発信と見ることができます。

「工程＝生産資源（開発・生産活動で利用される経営資源）」、例えば設備、治工具、金型、マニュアル、NCプログラム、作業訓練などは、製品設計情報の一部が何らかの媒体（メディア）に刻印されたもの、つまり「情報資産」です。

「製品」もまたそれ自体、特定の有用な製品設計情報（使用価値を担った情報）が有用なメディア（素材）の上に刻印された情報資産とみなせます。

企業内のさまざまな部署に生産資源としてストックされた設計情報が、一定の経路をたどって最終的には製品の中に流れ込み、そこに結晶化されると言えます。そうして結晶化した設計情報の中から、必要な情報を享受するのが消費であり、そうした形で、お客様へ向かい、お客様を満足させる（＝消費）「設計情報の良い流れ」をつくっていく現場の努力、企業の努力、その全体を、私たちは広い意味での「ものづくり」と呼びます。

「製品＝設計情報＋媒体」という発想で、ものづくりの現場を見直すこと。それが、本書で一貫して追究していく、広い「ものづくり観」の出発点です（図1−2）。

日本経済が約500兆円の付加価値で成り立っているとするならば、この経済

図1−2　人工物＝設計情報＋媒体

製品も、仕掛品も、金型も、数値制御（NC）プログラムも、作業熟練も、作業マニュアルも、みなこの形で表現できる。

出所：藤本隆宏・東京大学「経営管理」その他の講義資料より作成。

の根幹である現場は,「付加価値の流れ」を良くする必要があるでしょう。

では,付加価値の源泉について考えてみましょう。ものづくりの観点から言えば,「設計情報」がこれに該当します。

例えば,あるガラスのコップを見て「これが1個100円なら買いたい」という人が一定数いたとして,企業が100円で売ったとしましょう。仮に媒体のコストつまり直接材料費であるガラス代が20円,加工費が10円ならば,差し引きの70円が付加価値であると言えます。100円という価格は,このコップの製品機能,例えば「飲みやすい」,「デザインが良い」,「漏れない」,「こわれない」などといった機能群に対する顧客の評価が支えています。

製品設計とは製品の機能と構造を事前に決めることであり,企業は構造設計情報を媒体に転写して製品を生産し,顧客はその製品の機能設計情報を評価してそれを買うとすれば,製品の付加価値の源泉は,その製品の設計情報だと考えられるでしょう。したがって,このコップが30円ではなく100円であること,つまり「付加価値の源泉は,設計情報にある」と言えます。

以上のようなものづくり観は,製造業だけでなく,サービス業にも通用します。また,ハードだけでなく,ソフトウェアにも通用します。「設計されたもの＝人工物」であるという点で,サービスもソフトもハードも本質的な違いはありません。

サービスやソフトがハードな物財と異なるのは,媒体の特性です。サービスもまたあらかじめ設計された人工物であり,基本的に,媒体が無形あるいは不可視であるときにサービス業と呼んでいるにすぎません(図1-3)。

図1-3 サービスもソフトも「ものづくり」

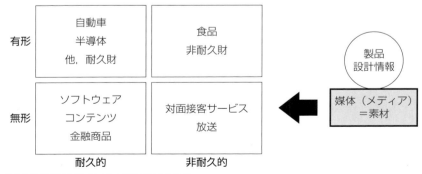

出所:藤本隆宏・東京大学「経営管理」その他の講義資料より作成。

例えば，大学での講義は講義内容という設計情報を無形の媒体（空気）を振動させて学生の耳に提供していると考えれば，「設計情報＋媒体」という構造に違いはありません。また，講義をビデオ撮影してDVDで配布すれば，設計情報が有形の媒体DVDディスクに転写された製品となります。

こうしてものづくりプロセスは，媒体のいかんにかかわらず，設計情報の流れという観点から再解釈することができます。

製品開発段階には，製品コンセプト，仕様書，製品設計，試作品，実験結果，工程設計，設備，マニュアル，作業熟練といった情報ストックが，累積的に創造されます。これらは，それぞれ分担して，製品設計情報の一部をストックしています。すなわち，製品開発とは，製品設計情報ストックの配分も含めた「設計情報の創造」ということになります。

生産段階では，製品開発の結果として生産工程に配備された製品設計情報が，素材・仕掛品に次々と転写されることで，同一の情報内容を持った製品が大量に生みだされます。逆に素材の側から見れば，生産プロセスとは，外部から購入された素材が，工程に分散配備された製品設計情報を次々に吸収して変形し，最終的に製品になる過程であるとみなせます。

販売段階では，工場から送られてきた製品に，価格，ブランド名，広告，セールスの際の「売り文句」，カタログなど，製品以外のマーケティング情報が付加され，生産されたものは「商品」となります。そして最終的な情報の束である「商品」が市場に向けて発信されていきます。

このように，「ものづくり」と呼ばれる，企業の開発－生産－販売の諸活動は，設計情報の発生・変形・移転のシステムとして一元的に描くことができます。このシステムの流れを良くすることが改善の目的です（良い設計良い流れ）。

一方，消費者はこの情報の束（商品）を受信し，その意味を解釈し，これを購入するか否かの判断をくだします。

結果として購入し，消費者が人工物を自分で操作（セルフサービス）するならば「物財消費」，企業が人工物を操作すれば「サービス消費＝サービス生産」というわけです（図1－4）。

例えば，自家用車とタクシーを見てみると，同じ自動車でも自分で運転するために購入すれば「物財消費」であり，タクシー会社が購入してお客様を目的地まで届けて対価を得れば，そのお客様の立場では「サービス消費」となるわけです。

図1-4 物財（有形媒体）とサービス（無形媒体）

- 物財（有形媒体）……2段階の間接転写：①媒体への転写（生産）　②顧客への転写（消費）

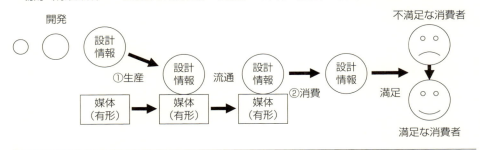

- サービス財（無形媒体）……顧客への直接転写

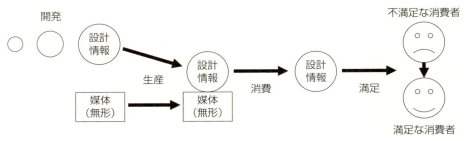

出所：藤本隆宏・東京大学「経営管理」その他の講義資料より作成。

以上の視点で読み替えると次のようになります。

　　　製　　品……製品情報の束が媒体に転写されたもの
　　　　　　　　　参考：商品＝製品＋4P（Product, Price, Promotion, Place, 第2章参照）
　　　製品開発……製品設計情報を創造し，生産工程に配備するまでの活動
　　　生　　産……製品設計情報を，原材料・仕掛品の上に繰り返し転写する活動
　　　販　　売……製品に託した情報の束を消費者に対して発信する活動
　　　消　　費……消費者が，製品に体化した情報の束を処理し，顧客満足に変換する過程

3　改善活動は，良い流れづくり

　以上述べてきたことを図にしてまとめてみましょう（図1-5）。
　特に重要なのは，設計情報（図の○の部分）の流れです。
　この流れを遡り，要所要所で改善をほどこすのが，ものづくり現場改善の要

図1-5　生産＝設計情報の転写　開発＝設計情報の創造

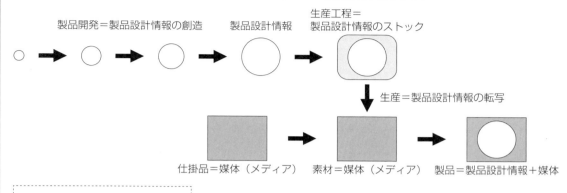

出所：藤本隆宏・東京大学「経営管理」その他の講義資料より作成。

諦です。

　自動車車体を例にとるならば，外観デザインという設計情報が，0.8ミリ厚の鉄板に転写された結果です。

　自動車車体のプレス生産とは，金型にストックされていた設計情報が鋼板へと乗り移る（転写される）プロセスにほかなりません。

　プレスの場合，「かっこいいボディ」という設計者の意図を体現した設計情報が，鉄の塊（金型）の中に埋め込まれているわけです。プレスの現場では，1分間に10回近いペースで，その設計情報が，1,000トンを超えるエネルギーを使って，鉄板に「転写」されます。転写の原理は印刷と同じです。

　つまり，プレス生産は，金型が持っている設計情報を鉄板に転写する活動であると言えるでしょう。しかし，この転写は容易でなく，誰にでも簡単にできるものではありません。うまくやらないと鉄板は，破れる，ゆがむ，しわがよる，つまり転写ミスが起きます。この難しい転写を，いかに速く，安く，正確に行うかが，現場の腕の見せどころです。

　鋼板の側から見ると，プレスによってパネルに変わる部分は，モノの変形とも受け取れますが，鋼板がいくつもの金型から次々と設計情報を吸収して，より付加価値を高めていくプロセスと見ることもできます。

　すなわち，あえて「モノの流れ」ではなく，「設計情報の流れ」として現場を見ること，これが「広義のものづくり」の発想です。

それでは，プロセス産業における設計情報の転写とは何でしょうか。

ひとつの考え方は，化合物を，分子構造という構造設計情報を持った，ある種の超ミクロ部品とみなすことです。例えば，ある化合物＝超ミクロ部品「A」は，ある反応条件（例えばエネルギーと触媒が存在する状況）で，他の特定の化合物＝超ミクロ部品「B」と自ら結合する能力を持つ，つまり，自力で組みあがる自己組織的な力を持つ，と考えられます。

プロセス産業は「一括転写」を特徴としており，機能→構造の合わせ込みには限界があります。よって機能（用途）の開発が必要になります。

そうした化合物＝部品AとBを反応器に入れ，あるエネルギーを加えれば，化学反応が起きます。それは，触媒という超ミクロな治具を媒介にした，微細かつ自己組織的な組立プロセスと見ることができるでしょう。そこでは，AがBに，あるいはBがAに一括転写されたとみなせます。

ビールでいえば，酵母というマイクロマシン，半導体ならば前工程がこれにあたります。

このように設計情報の転写は1回で行われるのではなく，何工程にも分かれて製品化されていきます。（上流から）設計情報を製品に作り込み（工程ごとに付加価値を転写しながら），お客様のもと（下流）へ，よどみなく流すことが「ものづくり」であり，よどみをなくす行いがすなわち改善活動です。

ものづくりとは，良い設計情報（想い）をムダなく，よどみなく良い流れでお客様のもとに届けること，ひとづくりとは，良い流れづくりのできる人をつくることであると考えます。

4　現場を見る視点

現場を見るには，どのような視点で見ればよいのでしょうか？

もし，世界経済，日本経済など経済をマクロに見るのであれば，高度3万メートルの上空から俯瞰しなければなりません。個別の産業論，貿易論を論ずるのであれば，高度1,000メートルくらいからでしょうか。政策や経営戦略を立案するには，高度100メートルくらいから見ている人が多く，産業紙の一面記事もこれくらいの視点で書かれている記事が多いようです。しかし，現場を

1 ものづくりの基礎概念

図1-6 ものづくり現場発の戦略論

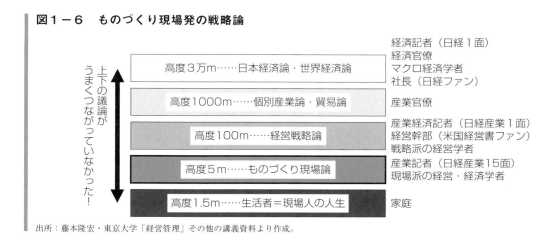

出所:藤本隆宏・東京大学「経営管理」その他の講義資料より作成。

見るには高度5メートルくらいから見る必要があります。かといってこれ以上低く,例えば高度1.5メートルとなると,あまりに近すぎて全体を見渡せません。

上空から工場全体を見渡す「鳥の眼」,工程を見る「人の眼」,作業を見る「虫の眼」のうちで,何を見ようとしているのか,その目的によって,視点を上下させる必要があります(図1-6)。

今までは,現場発の議論,高度5メートルの視点が抜けていたように思えます。現場発の経営論,経済論が必要でしょう。

5 ものづくり改善インストラクターをめざす方へ

あらゆる業種で指導できるインストラクターになるためには,まず,「ものづくり」を広くとらえ,「ものづくり」に対する視野を広げる必要があります。具体的にいえば,顧客思考でものを考える限り,ものづくりとは,顧客に至る付加価値の流れ,すなわち設計情報の流れを作ることです。言うまでもなく,これは自社の現場改善リーダーでも同様です。

そのためには,製品を,設計情報が媒体(すなわち素材)に宿ったものとして考えることが出発点になります。「製品=設計情報+媒体」であって,ただの鉄やプラスチックやシリコンの塊ではありません。

設計情報を創造するのが開発,媒体を入手するのが購買,設計情報を媒体に転写するのが生産,そして転写されて媒体に載った設計情報を顧客に発信するのが販売です。つまり,ものづくり活動には開発も購買も生産も販売も含まれ,

21

それらのチームワークで成り立っています。それは、「顧客に向かって設計情報が流れる空間」とも言えます。

　また、付加価値の源泉は設計情報であると考えるならば、「ものづくり現場」とは、顧客へ向かう設計情報が創造あるいは転写されている場所のことです。それは、顧客へ向かう付加価値の流れの要所要所にある節目のような存在です。

　顧客に向かう付加価値の速やかな流れを全社一丸となって作ることが、会社のものづくりです。そうした企業のものづくり努力、ものづくり能力構築の努力を支援するのがものづくり改善インストラクターの仕事になります。したがって、まずは自身がしっかりとした「ものづくり観」を持つことが重要です。

　ものづくり改善インストラクターを目指すなら、これまであなたが経験を積んできたホームグラウンドの職場、職種、自社、自産業だけでなく、他産業や中小企業といった、いわば「アウェイのものづくり現場」でも通用しなければなりません。

　戦後（20世紀後半）には、多くの日本の製造企業が「現場重視主義」でした。現場を鍛えて良い製品を作り、世界で勝負する企業が少なくありませんでした。国際的に見ても高い現場力を持つ日本企業は、今でも数多く存在します。そうした現場で鍛えられてきたシニア人材に、あえて「他の職場に関するイマジネーション」の力を高めていただきたいと思います。

　現場改善リーダーあるいはインストラクターとしての仕事は、言うまでもなく、①現場のものづくりの改善ですが、同時に、②管理・改善の核となる人材を育てるひとづくり（良い流れづくりができる人材をつくる）、そして③経営幹部のものづくり意識の醸成、この3つです。

　現場のベテランはややもすると固有技術の鎧をまといがちです。しかし、「ものづくり改善インストラクター」に求められるのは、未知の現場に対するイマジネーション……「君子これを行わずしてこれを知る」ということです。

　以上をまとめると、ものづくり改善インストラクターとして指導対象企業に接する場合、その会社、その現場をシステムとして多面的に（複数の視点で）捉えることが必要ですが、どの視点から現場を把握するにせよ、生産工程の流れのきっちりした分析が必須であることに変わりはありません。このとき、何らかの流れ図を使った現場のプロセス分析は、ものづくり改善インストラク

ターの主要な武器になります。

　ただし，ものづくり改善インストラクターは，工場現場の「モノ」の流れだけを追いかける人間のことを意味してはいません。「ものづくり」とは，お客様に価値をお届けする作業全体を指すものであり，企業が貢献できる付加価値は，多くの場合設計情報に宿っている，という「開かれた（広義の）ものづくり観」を採り，開発・生産・購買・販売を一体と考えて，お客様に価値が届くまでのプロセス全体を常に見通している必要があります。

　そのためには，顧客に至る付加価値（設計情報）の流れを追いかけなければいけません。幸い工場の現場では，付加価値はモノと一緒に動きますので，通常のモノの流れ分析で問題はありません。しかし，例えば開発プロセスの分析では，モノの流れではなく，設計情報の流れを追いかける必要があります。本質的なのは付加価値の流れ，すなわち設計情報の流れであり，これを不断に改善することです。

　そうした「ものづくり」の全体像において，開発は設計情報（付加価値）を創造し，生産はそれを媒体（素材・仕掛品）に転写し，購買は媒体を社外から調達し，販売は製品（＝設計情報＋媒体）を顧客に向けて発信します。顧客は主にその設計情報から満足を得るのです。

　設計情報の視点から開発・生産活動をもう一度読み替えて見てみましょう。

製品開発……新しい設計情報を創造すること
生　　産……設計情報を工程から製品へと繰り返し転写すること
購　　買……転写の対象となる素材・部品を社外から調達すること
販　　売……製品（＝設計情報＋媒体）をお客様に向けて発信すること
消　　費……お客様が製品の中に仕込まれた情報から満足を得ること

　以上の視点から，ものづくりの仕組み（ルーチン）を見ると，

ものづくり＝開発・生産・購買のトータルシステム（販売も一部入る）であり，
　　　　　　設計情報を媒体（素材）に転写することであり，
　　　　　　顧客に向かう付加価値の流れである。
　　　　　（「ものづくり」とは，広い概念である）
システム＝会社やものづくりの現場はシステムとして捉えることができる。

その際，複眼的なアプローチが必要。
（カネ，モノ，ヒト，情報等複数の視点がある）
プロセス分析＝ものづくりの「流れ」を正確に記述する。
（設計情報はよどみなく，正確に転写されているか？）

ということになります。

Point
- ものづくりとは，設計情報の媒体への転写である。
  媒体が有形物の場合は，製造業
  媒体が無形物の場合は，サービス業
- ものづくりとは，開発・設計・購買・生産・販売のトータルシステムであり，顧客に向かう付加価値の流れである。
- 改善活動とは，情報転写のよどみのない良い流れづくり。
- 広い視点で見る。

ものづくりは情報の転写である

第2章 ものづくりの競争力

1 「競争」とは

　一般に「競争」とは，事前に決められた共通の選考基準のもとに，複数の主体が「選ばれる努力」をすることを指します。このとき，選択者を消費者とするならば，その「競争」とは，複数の情報の束（商品）が消費者を説得しようと競い合うことです。したがって「競争力」（とりわけ「表の競争力」，消費者の目に見える競争力＝後述）とは，各々の商品が担う情報の束（製品，価格，広告，個別売り込みなど）が消費者に対して持つ説得力の強さ（情報の束が持つパワー）です。**競争力**とは，「選ばれる力」と言い換えることができるでしょう。

　「競争」は製品だけの話ではありません。「ものづくり現場」にも競争があります。そこにあるのは，経営者に「選ばれる努力」です。そして，経営者に「選ばれる力」が現場の「競争力」（裏の競争力＝後述）です。競争力のない現場は閉鎖され，他の競争力のある国内工場に統合されたり，中国など新興国に移転されるかして消え去る運命にあります。そこで，現場は常に改善を繰り返し，生産性を向上させることで経営者に選ばれ続けようとします。つまり，生産性が現場の競争力指標になります。

2 企業・現場のあるべき姿の指標化

　「ものづくり改善インストラクター」が改善指導に出向く企業は，当然ながら，会社としての目的を持っています。「目的」とは，企業の「あるべき姿」に関する全体像であり，これを数字にすれば，具体的な「目標」ということになり

ます。

(1) 企業・現場の「あるべき姿」を把握する

　まず，その企業の「あるべき姿」について，企業の幹部，工場の幹部，工場現場のリーダーなどと話し合い，目的意識を共有することが，改善指導の基本です。最初に会うべき相手は，状況や企業や現場の流儀によって異なります。しかし，可能ならば，改善活動に入る前に各層のキーパーソンと会って，「あるべき姿」に関するベクトル合わせ（擦り合わせ）をしておくことが望ましいでしょう（図2-1）。

　たとえそれが，あなた自身が勤める現場の改善であったとしても，トップを含めた意思の統一がなければ進められません。

　その企業の「あるべき姿」をしっかりとイメージし，これを具体的に測定可能な「項目」に落とし込み，それぞれの項目に関して「目標値」を仮決めすることが，その後の問題点の絞り込み，改善案の事前評価，改善実施の進捗度チェック，是正措置や歯止めの効果チェックなど，改善活動のあらゆる場面に効いてきます。項目や目標値は，その時々の事情に適応して柔軟に変えてもかまいません。

図2-1　「あるべき姿」の指標化

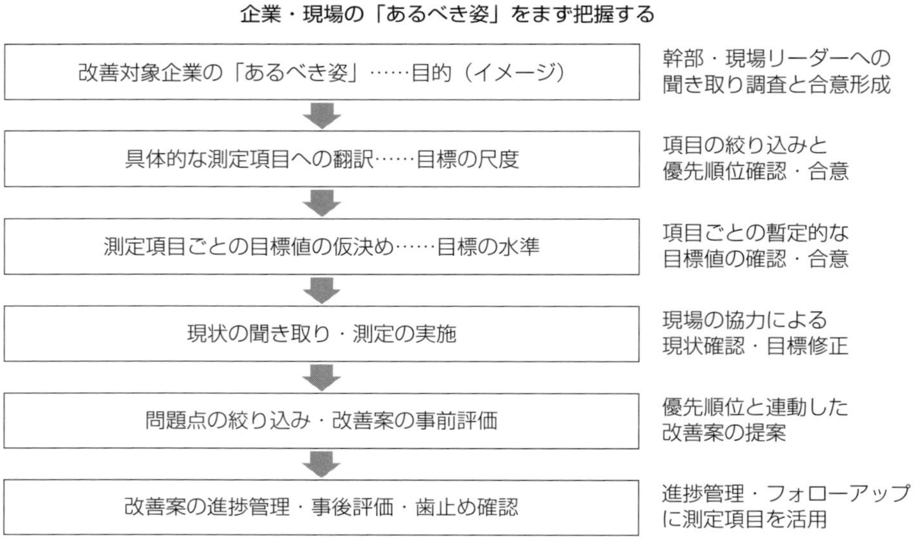

企業・現場の「あるべき姿」をまず把握する

プロセス	対応
改善対象企業の「あるべき姿」……目的（イメージ）	幹部・現場リーダーへの聞き取り調査と合意形成
↓	
具体的な測定項目への翻訳……目標の尺度	項目の絞り込みと優先順位確認・合意
↓	
測定項目ごとの目標値の仮決め……目標の水準	項目ごとの暫定的な目標値の確認・合意
↓	
現状の聞き取り・測定の実施	現場の協力による現状確認・目標修正
↓	
問題点の絞り込み・改善案の事前評価	優先順位と連動した改善案の提案
↓	
改善案の進捗管理・事後評価・歯止め確認	進捗管理・フォローアップに測定項目を活用

出所：藤本隆宏・東京大学「経営管理」その他の講義資料より作成。

(2) 企業のパフォーマンスと利害関係者（ステークホルダー）

そもそも企業は、いったいどんな「目的」（あるべき姿のイメージ）を持つと考えるべきでしょうか？　過去、経済学や経営学では、利益、企業の現在価値（株価）、成長、売り上げ、シェア、従業員の福利厚生などの最大化あるいは満足化（ねらった水準の達成）を企業目的とみなす、さまざまなモデルが示されてきました。しかしながら、これらのモデルの背後には、「誰のための目的か」という問題があります。

企業を取り巻く「利害関係者（ステークホルダー）」としては、株主、従業員、市場（顧客）、地域住民等が考えられます。株主利益の最大化だけが企業の目的とは言い切れません。

従業員満足の重視については、近年はそれが日本的企業の特質としても論じられています。企業＝共同体説、人本主義、などです。

製品市場（消費者）についても、1980年代以降は「顧客満足なくして利益なし」といった議論が盛んでした。特に日本企業の場合、顧客満足を企業目標として最重視する傾向がむしろ一般的とすら言えます。しかし、日本に顧客満足度が高い割に利益の少ない企業が多かったのもまた事実です。

さらに、地域住民などにとっての企業のパフォーマンスという点でも、1990年頃には、日本企業の対米進出などを背景に「企業市民（corporate citizenship）」

図2－2　企業のパフォーマンスと利害関係者（ステークホルダー）

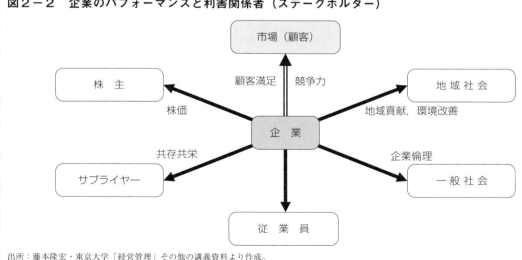

出所：藤本隆宏・東京大学「経営管理」その他の講義資料より作成。

や，さらに近年は環境問題など企業の社会的責任（CSR; corporate social responsibility）の議論が盛んになってきました。

　要するに，企業は自社を取り巻くさまざまな利害関係者（ステークホルダー）からバランスよく高い評価を得ることを最終的な目標としている，という企業観が徐々に一般化しつつあります。どんな企業であれ，究極の目標は，強いばかりでなく「尊敬される企業」でありましょう。

　図2-2のように，企業を取り巻く利害関係者から見たその企業システムの「満足度」あるいは「魅力度」の評価結果を，企業の「パフォーマンス」と呼ぶとするならば，会社の長期的な目的は，これらステークホルダー間での企業パフォーマンスをバランスよく維持・向上することだと言ってよいでしょう。そして，企業の現場も，それに地道に貢献することが究極の「あるべき姿」です。

　しかしながら，企業が現実に生き残っていくためには，まずは先立つもの，つまり売上が必要になります。あるいは，売上から購買費用を差し引いた「スループット」あるいは「付加価値」を確保することが，生き残りの大前提です。つまり収入やキャッシュフローが必要だということです。

　すなわち，製造企業である限り，やはり製品に対する顧客の評価，あるいは製品市場でのパフォーマンスが基本ということになります。利益を出して株価を高めるにも，従業員の待遇を改善するにも，社会貢献活動の資金を捻出するにも，先立つものは売上であり，現金収入（キャッシュフロー）です。そのためには，製品マーケットで高い評価を得る必要があります。

図2-3　経済・産業・企業，そして現場の位置づけ

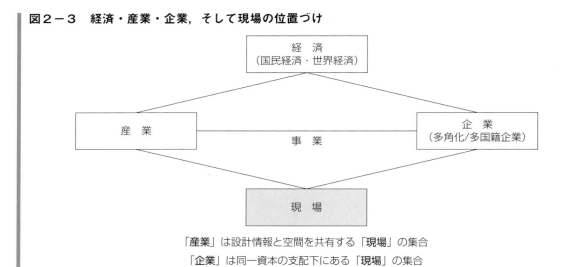

「産業」は設計情報と空間を共有する「現場」の集合
「企業」は同一資本の支配下にある「現場」の集合

出所：藤本隆宏・東京大学「経営管理」その他の講義資料より作成。

企業の製品・サービスが市場で認められ，十分な売上を得るために必要な基本的な力のことを「（表の）競争力」といいます。ものづくり改善インストラクターの養成を目的とする本書では，あくまで顧客第一主義の考え方を採り，企業パフォーマンスの1ファクターである「競争力」，すなわち製品市場（消費者）から見たパフォーマンスを，システム評価の主要な基準としていくことにします。

　一つの資本の支配下にある現場群が企業であり，ある地域で設計情報を共有する現場群が産業です。すなわち，経済・産業・企業の土台として，それぞれを支えているのが，現場にほかなりません（図2−3）。

3　表の競争力と裏の競争力

(1)　競争力の概念

　競争力とは「設計情報の束が持つ力」である，という考え方に立つならば，競争力を，①受信側である顧客の側で把握される競争力要因と，②発信側である企業のものづくりシステムの実力として把握される競争力要因に分けて考えることが可能です。前者を，顧客から見えるところで測定・評価される力という意味で「表（表層）の競争力」，後者を，顧客から見えないところ，企業の現場に近いところで作用する裏方的な貢献要因という意味で「裏（深層）の競争力」と呼ぶことができます。さらにそれらの表裏の競争力を受けて，企業の「収益力」という競争力につながります。

　また，図2−4の右へ行けば行くほど景気，為替変動など外的要因からの影響を受けやすくなります。

　欧米系のコンサルタントは，右（収益力）から改善していく傾向がありますが，ものづくり改善インストラクターは，左（ものづくり組織能力）からの改善を心がけるべきでしょう。

　この視点から，マーケティングにおける「4P」と，生産管理における「QCD」の概念を考えてみましょう。おおまかにいえば，前者は表層の競争力，後者は深層の競争力に近いものです。

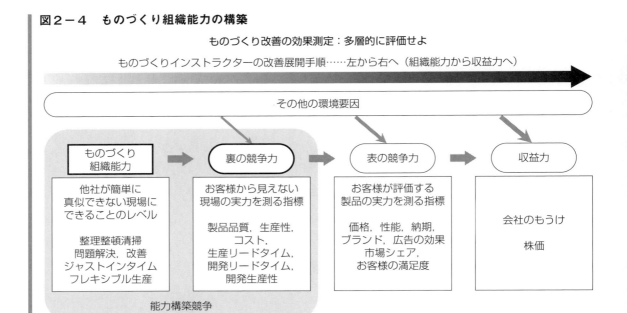

図2-4 ものづくり組織能力の構築

出所：藤本隆宏・東京大学「経営管理」その他の講義資料より作成。

(2) 表層レベルの競争力・深層レベルの競争力

マーケティング理論で「4P」と称されるのは，製品（product），価格（price），広告・販売促進（promotion），販売現場（place）の4ファクターです。

企業が発信し消費者が受信する製品のマーケティング情報には，「プロダクト」すなわち製品の名前と知覚された実物製品の内容（知覚された品質・性能・デザイン・イメージ等），「プライス」すなわち販売価格，「プロモーション」すなわち広告宣伝・カタログその他の販売促進手段，そして「プレイス」すなわち店頭でのセールス要員の商品説明や売り込み文句が含まれます。

4Pとは要するに，企業が発信し，顧客の製品評価に影響を及ぼす4つのコミュニケーションルート（製品・価格・広告・販売現場）のことであり，消費者が直接受け取って評価できる情報の束である，という意味で，「表の競争力」におおむね対応しています。

これに対して，顧客の目には直接触れないところで黙々と製品設計情報の創造・転写を行っている裏方的な機能，すなわちものづくり（開発・生産）システムの実力をより直接的に示すのが，いわゆる「QCD」，すなわち品質（quality），コスト（cost），納期（delivery＝lead time＝Tとも置き換えられます）です。

工場の現場の人々が，競争力の指標として認識しているのは，この「QCD」です。本書では，これらにフレキシビリティ（flexibility）を加えた「QCDF」を，生産・開発システムの実力を示す4つの競争力要素と考えます。

「QCDF」は，顧客がそれを直接に評価することはほとんどありませんが，それは顧客自身の評価軸である「4P」すなわち表の競争力を背後から支えています。例えば，パソコンを買いに行く消費者が気にするのは製品の性能や価格であり，彼らは，その製品のコストの詳細や生産性には直接は興味がないはずです。しかし，言うまでもなく，顧客にとって魅力的な価格を提示しつつ，ビジネスとして継続させていくためには，低コスト・高生産性の実現が不可欠です。つまり，コスト競争力がプライス（価格）競争力を背後から支えています。

顧客に知覚される競争力を背後から支えているという意味で，「QCDF」はおおまかに言って「裏の競争力」に近い概念です。細かく言うなら，生産・開発システムの「QCDF」は，表の競争力である「4P」の中でも特に「製品（プロダクト）」と「価格（プライス）」に貢献しています。

そして，その裏の競争力を支えているのが，他社が真似できない，現場にできることのレベルを高めるための「ものづくり組織能力」です。

4　ものづくり組織能力の構築

　　ものづくり組織能力の構築に必要な裏の競争力には，コスト（C），納期（D），品質（Q），フレキシビリティ（F）があります。
　　図2－5の順に説明していきましょう。

図2－5　製品競争力の主な要素

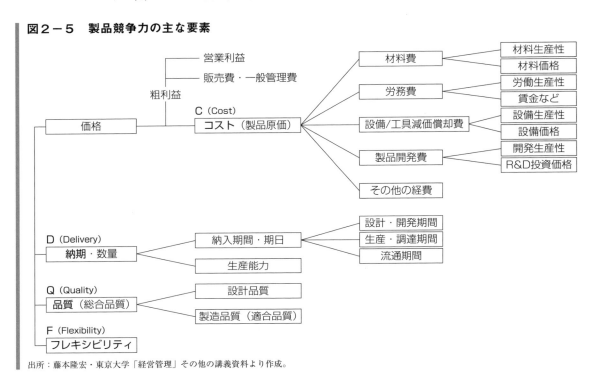

出所：藤本隆宏・東京大学「経営管理」その他の講義資料より作成。

▍(1)　コスト（C）

　　コストとは，製品1単位当たりの製品原価のことです。
　　消費者の意思決定に直接影響を与える「表の競争力」はあくまでも実際の価格であり，コストそのものは買い手にとってはどうでもよいことでしょう。しかしながら，コストを反映しない価格設定は長期的な存続が不可能であり，その意味で，製品原価は価格を裏で支える「裏の競争力」にほかなりません。
　　生産・開発部門が直接関与する製品原価には，労務費，材料費，経費（開発費，設備等の減価償却費を含む）が含まれ，これに販売費および一般管理費を加えたものが総原価となります。また，各々のコスト要素は，生産性と投入要

素価格（時間当たり賃金，設備単価，部品単価など）に分解できます。

例えば製品1個当たりの労務費は，労働生産性（製品1個当たりの所要工数）と時間当たりの平均人件費を掛け合わせたものになります。

賃金や部品単価をむやみに買い叩くことは，いろいろな意味で弊害があります。であれば，長期的に見たコスト低減の切り札は，自社および部品・材料供給業者の生産性向上ということになります。戦後，国際競争力を高めてきた日本の自動車産業などにおける競争力の源泉のひとつは，全社を挙げての生産性向上活動にあったと言えます。

(2) 納期（D＝T）

競争力の1要素としての納期（delivery）とは，顧客から見た調達期間（発注から納品までの期間）を指します。いくら安くて良い製品でも，手に入るまで延々と待たされるのでは，買う気にならないでしょう。

納期の背後には，生産期間（生産リードタイム：原料が納入されてから出荷までの期間）と，開発期間（製品開発の開始から発売までの期間）があります。その間の関係は，製品のタイプによって異なります。

例えば一戸建て注文住宅のような特注生産であれば，納期に開発期間と生産期間の両方が含まれます。一方，「見込み開発」をする量産自動車などの場合，注文生産ならば生産期間は含まれますが開発期間は含まれません。「見込み生産」（消費者がディーラーにある在庫から選んで買う）の場合には，納期は生産・開発期間とまったく関係なく，流通のリードタイムとして決まります。

納期を実現する裏付けとなる要素として，生産能力つまり各工程の産出可能量も重要です。需要に対して生産能力が不足すれば品切れ（機会損失）を招き，受注生産であれば受注残（受注済みだが未納の製品の量）が増加し，納期が延びてしまいます。この意味で，生産能力も，表の競争力に間接的な影響を与えるファクターといえるでしょう。

納期（D）は，生産リードタイムとも置き換えられるのでTと言われることもあります。

(3) 品質（Q）

広義の品質（総合品質；total quality）には，製品に体化された情報で，潜在的に顧客満足を生み出すもの（性能，機能，デザインなど）のすべてが含ま

れます。自動車でいえば加速性，最高速度，操縦性といった性能に加えて，居住性，スタイリング，ステータス性，シンボル性等々，ユーザーが自動車に期待するあらゆる価値・機能をカバーしています。

　総合品質は，設計品質（design quality）と製造品質（manufacturing quality）に大別されます。

　設計品質とは「製造の目標としてねらった品質」で，要するに設計図面に盛り込まれた性能・機能のレベルを指します。一方，製造品質とは「設計品質をねらって製造した製品の実際の品質」（JISの定義）です。つまり，実際の製品がどれだけ設計図面どおりにできているかを示す尺度で，製品の建て付け，信頼性，耐久性などを含みます。製造品質は，適合品質（conformance quality）という概念ともほぼ対応します。本書では，特に断りのない限り，適合品質と製造品質は同義語とみなしています。

　いくら設計品質が良くても，製品が設計どおりに動かず，故障ばかりでは消費者が満足できるわけがありません。逆に，設計どおりの完璧な製品でも，設計自体がお粗末であれば，やはり消費者にとって魅力がなく，市場での成功は望めないでしょう。つまり，顧客の満足度をアップさせるには，ハイレベルの設計品質・製造品質の同時達成が不可欠であり，その結果として優れた総合品質を備えていることこそが，強い競争力を持った製品の必要条件と言えます。

(4) フレキシビリティ（F）

　フレキシビリティは，コスト，品質，納期，すなわちQCDという生産管理の3大目標とは同列ではありませんが，環境の変化や多様性への対応を要求されるダイナミックな産業においては，競争力に対して重要な貢献要因となります。

　フレキシビリティとは，QCDといった競争力ファクターのレベルが，外的要因の変化によるマイナスの影響を受けない度合いのことです。例えば，生産量あるいはロットサイズの減少に対してコスト面でフレキシブルなシステムとは，変動費に対する固定費の比重が小さくて済むシステム，あるいは段取替（品種の切り替え）のコストが小さいシステムのことです。

　また，製品設計の変化や多様性に対するコスト面のフレキシビリティは，モデル間での部品の共通化（同一部品で複数製品に対応）と，工程の汎用化（同一工程で複数品種に対応）の組み合わせによって達成できます。

一般に，高いフレキシビリティと高い生産性（低いコスト）は両立しないと言われますが，20世紀後半の日本のメーカーの中には，その両立に成功した現場もあり（例えばトヨタ自動車），競争力の源泉とみなされてきたのです。

Point

- ものづくり改善インストラクターとして，「企業の目的」（あるべき姿）は何か，についてしっかりした考え方を持とう。
- 競争力とは選ばれる力であり，それには「表の競争力」と「裏の競争力」がある。
- 表の競争力は4P，裏の競争力はQCDFが重要な要素となる。
- ものづくり改善インストラクターの仕事は，①まず組織能力や裏の競争力を強化する企業の努力を支援することであるが，ただし，②それを表の競争力や収益力の強化につなげる道筋に関しても，しっかりとした考え方を持つべきである。

ものづくりは「良い流れ」づくり

第3章 プロセス分析

1 生産プロセスの記述

　プロセス（process；「過程」，「手順」などと訳される）とは，インプット（投入物）をアウトプット（産出物）に変換（transform）するシステムと定義でき，インプットやアウトプットはフロー（流れ）とも呼ばれます。システム工学では，世の中には一般にモノのフロー，エネルギーのフロー，情報のフローの3種類があるとされています。

　また，フローの出入りに対して，その蓄積をストックと言います。そこで，インプットからアウトプットへと何らかの質的な変化（付加価値の変化）が起きていれば，それが「加工工程」です。単に滞留しているだけなら「在庫」になります。

　生産のプロセスは「工程」とも呼ばれ，「製造企業の組織の中で，インプットを取り込み，それを組織にとってより価値（value）の高いアウトプットに変換する部分」と定義できます。つまり，生産現場において付加価値が生み出されるポイントが「工程」です。

　生産工程はモノ，エネルギー，情報などのシステムとして描けますが，伝統的な生産管理学ではまず，モノの流れに着目してきました。この場合，インプットはモノとしての原料であり，アウトプットはモノとしての製品です。

　こうして生産プロセスのモノの側面に着目して作成されるフローチャートを，工程流れ図（工程フローダイアグラム＝process flow diagram）といいます。

　ただし，工程という言葉は，付加価値を生み出す単独のポイント（例えばランプ組付け工程）を指す場合も，その連鎖（例えば組立ラインや加工ライン）を指す場合もあります。前者を「個別工程」，後者を「ライン」として区別することもできます。

図3-1　工程流れ図の書き方（慣例）

```
フロー ＝ →
工　程 ＝ ○
在　庫 ＝ ▽（原材料，仕掛品，完成品）
検　査 ＝ ◇
```

自分の流儀で書き方を変えてもよいが，常に一貫した書き方を保つ。

出所：藤本隆宏・東京大学「経営管理」その他の講義資料より作成。

「工程流れ図」の分析は，「現場の医者」としての「ものづくりインストラクター」にとって，「診断」（現状の記述・分析，問題発見）と「処方箋」（問題解決の方策の発見と実施）の基礎となる情報です。正確なプロセス記述なくして，正確な分析や活動計画（アクションプラン）はありえません。

伝統的な生産管理では，工程分析の記号に一種の決まりがあります。ある程度これに従ったほうが，例えばチームなどにおける意思疎通がスムーズになるでしょう。厳密に守る必要はありませんが，常に一貫した記述法を採用することは必要でしょう（図3-1）。

それではまず，プロセス記述を考えてみましょう。これには，以下の2つがあります。

(1) 「流れ」を空間の中の出来事として記述する「工程フローダイアグラム」や「レイアウト図」
(2) 「流れ」を時間の中の出来事として記述するタイムチャート（ガントチャートなど）

前者は，空間で見るプロセス記述で，ヒト・モノ・情報の移動と滞留でプロセスを表現したものです。そして，実際の配置は反映しない工程フローダイアグラム（工程流れ図）と実際の設備配置・人員配置を反映したプロセス記述，工程レイアウトがあります。

2 工程流れ図

　工程フローダイアグラム（工程流れ図）の基本は，個別工程（○）と在庫（▽）です。

　個別工程（○）とは，設計情報の転写が行われる場・空間のことを指します。言い換えれば，付加価値の変化，すなわち正味作業が存在する場のことです。これに対して，在庫（▽）とは，そうした設計情報の転写がない状態でモノが滞留している状態を指します。○と▽が互い違いに並ぶ「かみ合い構造」になるのが基本形ですが，運搬（小さな○で表現）が▽の間に挟まることもあります。

　まず，改善対象となった工場やラインを，この形で記述するのが，プロセス分析の出発点です（図３－２）。

　プロセスフローは，単体製品ならば単線，組立製品ならば支流が合流していく樹形（ヒエラルキー）構造，石油化学製品などの場合は逆に分解し枝分かれしていく分解（逆ツリー）構造になります。

図３－２　空間で見るプロセス記述：製品と工程の「かみ合い」構造

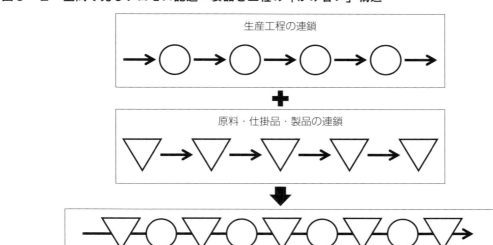

出所：藤本隆宏・東京大学「経営管理」その他の講義資料より作成。

いずれにしても，▽○▽○▽……の基本構造を示し，その間にモノと設計情報の流れ（→）が存在します。
　○や▽ごとにその状態を□の中に記述していきます。□の中の記述内容を標準フォーマットであらかじめ決めておくと，読みやすく便利です（図3-3）。

図3-3　各工程について記述すべき特性をテンプレート化しておくと便利

記　述
人員・加工設備・工具の概要
取扱い品種数・時間生産量
サイクルタイム
アイドルタイム（手待ち時間）
サイクル停止時間率
5分以上の設備修理
5分以下（チョコ停）
段取替時間（率）
その他の停止
不良発生率
不良の処理方法
…

記　述
置き場の形状・形式の概要
在庫の最大収容数
物理的な
規則としての（標準手待ち）
在庫の最大量・最小量・平均量
個数および時間換算
標準の安全在庫量
在庫量変動のグラフ
…

記　述
運搬装置・荷姿の概要
運搬要因の概要
運搬の形式
定期運搬（運行頻度）
定量運搬（輸送ロット）
運搬時間
運搬指示のポイント
上流ストア・下流ストア
上流工程・下流工程
運搬指示の手段
輸送計画
空箱・かんばん
…

出所：藤本隆宏・東京大学「経営管理」その他の講義資料より作成。

工程フローダイアグラムは，分析の目的に応じて，「個別工程」ごとの粒度の小さいもの（縮尺の小さい地図）と，「ライン」をひとかたまりにとらえる粒度の大きいもの（縮尺の大きい地図）を使い分ける，あるいは併用する必要があるでしょう（図3-4）。

ここでラインとは，両端でロット輸送（ストア・ストア間）が発生する工程の連鎖のことです。ライン内の搬送は1個流しが基本（⇔ロット搬送）です。それでも，ライン内に仕掛品在庫があっても構いません。

図3-4 個別工程と「ライン」：分析の「粒度」の選択

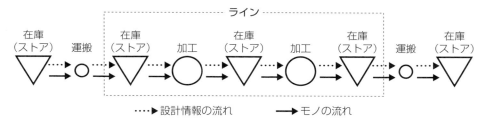

- 個別工程単位の分析と，「ライン」単位の分析を併用（粒度の選択）
- ラインとは，両端でロット輸送（ストア・ストア間）が発生する工程の連鎖のこと
- ライン内搬送は1個流しが基本（⇔ロット搬送）　仕掛品在庫はあってよい

出所：藤本隆宏・東京大学「経営管理」その他の講義資料より作成。

ライン単位で□に記述すべき記載内容もあります。例えば，総生産量，取扱品種・品種別生産量，ライン内仕掛品数，スループットタイム（生産期間），ライン内工程の累積正味作業時間，正味作業時間/スループットタイム比率，ライン可動率（停止時間率，うち設備故障による停止），チョコ停（5分以内），手待ち（上流欠品・下流満杯，他），直行率（良品通過率），全工程直行率（ノーミス通過率），最終検査合格率などです。これらのライン単位で記述すべき特性もテンプレート化しておくと便利でしょう（図3－5）。

　こうして，工場のモノの流れ（プロセスフロー）の基本が描けたら，そこから付加価値の流れ（設計情報の流れ）を上流へ遡って，作業者，設備，治工具などについて記述します。さらに，工程設計，作業設計，設備設計，さらには製品設計へと遡っていきます。

図3－5　ライン単位で記述すべき特性もテンプレート化しておくと便利

記　述
総生産量
取扱品種・品種別生産量
ライン内仕掛品数
スループットタイム
ライン内工程の累積正味作業時間
正味作業時間/スループットタイム比率
ライン可動率（停止時間率）
設備故障による停止
チョコ停（5分以内）
手待ち（上流欠品・下流満杯）
他
直行率（良品通過率）
全行程直行率（ノーミス通過率）
最終検査合格率
…

出所：藤本隆宏・東京大学「経営管理」その他の講義資料より作成。

工程分析の流れ（工程フローダイアグラム）に，作業分析の記述（作業者，設備の記述），さらには上流の作業設計，設備設計，製品設計などを書き加えた付加価値の流れ図，すなわち設計情報の流れ図が図3－6です。図の下部の水平方向の流れが工程分析，図の上部の垂直方向の流れが作業分析です。

作業者・設備などから仕掛品へと流れる設計情報の流れ（図3－6で言えば垂直方向の流れ）を「作業」と呼んで，工程（水平方向の流れ）と区別することもあります。

工場の実態に関しては，まず工程（水平の流れ）を把握し，次に作業（垂直の流れ）に移行するのが，例えばトヨタ方式における基本形とされています。

図3－6　工場内の流れ図　…上流プロセスの追加

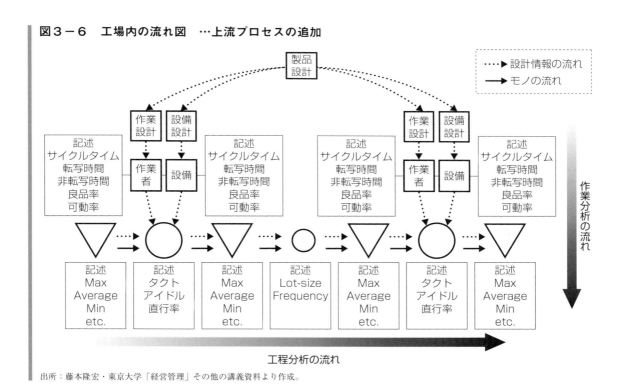

出所：藤本隆宏・東京大学「経営管理」その他の講義資料より作成。

作業分析において，各作業者，設備，あるいは作業者と設備の連携について記述しておくべき記載事項（☐）も，フォーマットを決めておいたほうがよいでしょう（図3－7）。

個別工程の作業者に関しては，人員数・人員構成，多能工化の概要，作業習熟期間，欠勤率，標準作業時間とその構成，うち正味作業時間（転写時間），付随時間（歩行他），ムダ（手待ち，他），実績作業時間，正味作業時間率，製品1個あたり工数，などを測定して記載するのが一案です。

ある個別工程の設備に関しては，設備・治工具構成，工順・レイアウト，サイクルタイム，アイドルタイム（手待ち），自動化の概要（ワーク着・脱，起動・加工・停止，不具合検出・停止・復旧），保全・工具管理体制の概要，段取替時間（内・外），などを測定して記載するのもよいでしょう。

作業者と設備の連係については，作業者の設備担当（多工程持ち，自主保全），設備関連の作業の内容（制御，監視），ワーク着・脱・起動・停止，標準作業時間と標準機械時間の連動（組み合わせ表・レイアウト）などについて測定して記載するのも一案です。

図3－7　各工程の作業者・設備に関して記述すべき特性

作業者	設備	設備・作業者連係
man	machine	man—machine
記述	**記述**	**記述**
人員数・人員構成 多能工化の概要 作業習熟期間 欠勤率 標準作業時間とその構成 　正味作業時間（転写時間） 　付随時間（歩行他） 　ムダ（手待ち，他） 実績作業時間 正味作業時間率 製品1個当たり工数 …	設備・治工具構成 工具・レイアウト サイクルタイム アイドルタイム（手待ち） 自動化の概要 　ワーク着・脱 　起動・加工・停止 　不具合検出・停止・復旧 保全・工具管理体制の概要 段取替時間（内・外） …	作業者の設備担当 　多工程持ち 　自主保全 設備関連の作業の内容 　制御 　監視 　ワーク着・脱・起動・停止 標準作業時間と 標準機械時間の連動 （組み合わせ表・レイアウト） …

出所：藤本隆宏・東京大学「経営管理」その他の講義資料より作成。

次に，粒度をさらに上げて，工場間，生産拠点間，企業間の付加価値の流れを，顧客に至るまで把握する必要があります。つまり，サプライヤーから顧客までの全サプライチェーンの把握です。この時，自社の都合ではなく，あくまでも顧客視点で全体の流れをつかむべきです（図3－8）。

いくつかのレベルで工程流れ図を作成し，問題箇所を浮き彫りにすることによって，「ものづくり改善インストラクター」の改善活動が，より迅速で効果的なものになるでしょう。

図3－8　工場外の流れ図表

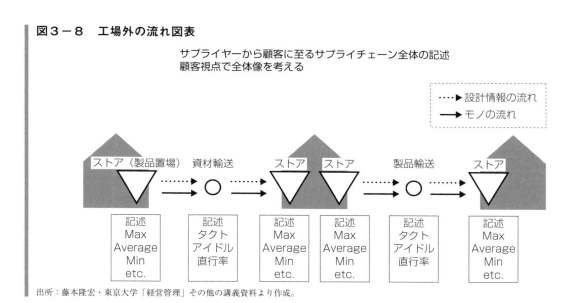

出所：藤本隆宏・東京大学「経営管理」その他の講義資料より作成。

サプライチェーンの全体像に関しては，サプライヤー，顧客，拠点間輸送といった大くくりの単位で，その特性を下段の四角に記載するとよいでしょう（図3-9）。

　サプライヤーに関しては，工程の概要，当社からの発注形式，定期発注・定量発注，発注頻度，発注ロット，納期（発注→納入）などを記載するのがひとつの方法です。

　顧客に関しては，顧客工程の概要，発注形式，定期発注・定量発注，発注頻度，発注ロット，納期（発注→納入）などを記載するのが一案です。こちらも記載内容をフォーマット化（標準化）しておきましょう。

　拠点間輸送に関しては，輸送手段・荷姿の概要，輸送業者の概要，輸送の形式（定期輸送〔運行頻度〕，定量運搬〔輸送ロット〕，輸送時間），運搬指示のポイント（上流ストア・下流ストア，上流工程・下流工程），運搬指示の手段，輸送計画，空箱・かんばんなどを記載します。

　いずれも記載内容をフォーマット化（標準化）するのがよいでしょう。

図3-9　拠点間のプロセスに関する特性

サプライヤー	顧客	拠点間輸送
記　述	記　述	記　述
工程の概要	顧客工程の概要	輸送手段・荷姿の概要 輸送業者の概要
当社よりの発注形式 　定期発注・定量発注	発注形式 　定期発注・定量発注	輸送の形式 　定期輸送（運行頻度） 　定量運搬（輸送ロット） 　輸送時間
発注頻度	発注頻度	運搬指示のポイント 　上流ストア・下流ストア 　上流工程・下流工程
発注ロット	発注ロット	運搬指示の手段 　輸送計画 　空箱・かんばん 　…
納期（発注→納入）	納期（発注→納入）	

出所：藤本隆宏・東京大学「経営管理」その他の講義資料より作成。

以上，少なくとも，工場内の工程分析，作業分析，そして顧客に至る全サプライチェーン分析を重ね合わせて，顧客に向かって流れる付加価値（設計情報）の全体像を把握すること。これが，プロセス分析の基礎です。

例えば初期のマクドナルドの例を見てみましょう（図3-10）。

カウンターから「チーズバーガー12個お願いします」と追加注文が入ると，後方のキッチンでは，ハンバーグをグリルで焼きはじめ，またパンの下側（英語でヒールという）と上側（クラウンという）をトースターに入れます。クラウンにチーズなどをドレスアップし，焼き上がったハンバーグを乗せ，最後にヒールを乗せてできあがり。マニュアルによれば，この間約2分です。

カウンター後：焼く作業は見込み生産
カウンター前：セットを組み立て，不足分を発注（カンバン方式と同じ）。
　　　　　　　　カウンターでの接客業務は需要に波があるので標準化しづらい。

サービス業は多くの場合，無形の価値を消費者に提供するものですが，その場合も，有形の製品を提供する製造業の場合と同じようなプロセス分析が使えることが少なくありません。

なお現在のマクドナルドでは受注生産に変わっています。これは，捨てることのムダを改善したものだと思われます。

図3-10　工程分析の例

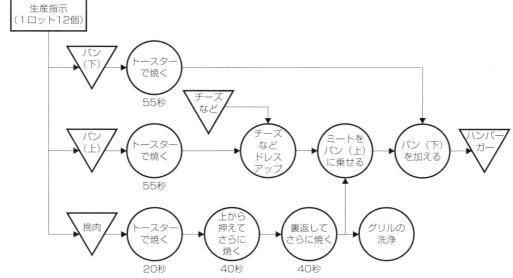

出所：ハーバードビジネススクール

3　ボトルネックを見つける

　もうひとつ例を挙げましょう。
　アルミ鋳造で10％の不良（スクラップにされる）が発生するとしましょう。切削加工では幸い不良は発生しません。こうしたインプット個数に対する良品アウトプットの比率を「歩留まり」（yield）と言い，ここでの歩留まりはアルミ鋳造で90％，切削加工で100％ということになります。アルミ鋳造のサイクルタイムが3分で，切削加工のそれは2分としましょう。すると，この生産ラインの「生産能力」は1時間当たり18個です（生産能力は常に「良品の生産能力」として計算しなければなりません）。なお，本来は機械の故障時間（ダウンタイム）や段取替時間（セットアップタイム）も勘案しなければなりませんが，複雑になるのでここでは省略します。
　さて現在，この生産ラインは1日8時間1交代（8時〜17時，昼休み1時間），週5日で操業しているとします。したがって，1日当たり生産量は144個（18×8）です。ところが，客先の組立メーカーが好調で，1日当たり240個に注文を増やしてきました。これにどう対応すべきでしょうか？　これには，以下の4案が考えられます。

第1案：アルミ鋳造機をもう1台買う
　これで，アルミ鋳造工程全体（2台並列）のサイクルタイムは1.5分となり，今度はサイクルタイム2分の加工工程がボトルネックになります。ライン全体の能力は，2分サイクル，1時間当たり30個，1日当たり240個で，ちょうど対応できますが，当然，大きな設備投資コストがかかります。

第2案：残業する
　1時間18個のペースで13時間20分操業すれば，240個作れます。しかし，毎日5時間20分の残業は不可能でしょう。土日出勤も併用すれば短期的には可能ですが，時間外手当が高くつきます。

第3案：生産を2交替にする
　昼勤・夜勤合わせて正味13時間20分操業すればよいのですが，採用コストなど，2交替制への移行のコストがかかります。さらに，品質を上げて歩留まり

100％を達成すれば，12時間操業で済みます。

第４案：部分的に２交替にする

　ライン全体を13時間20分操業にするのではなく，アルミ鋳造のみ５時間20分余計に稼働し，夜のうちに96個を作り溜めして仕掛品在庫として持っておけば，加工工程はこれまでどおり１交替８時間稼働で可能になります。

　工場のマネジャーは，それぞれの案の長所短所を比較検討して，適切な案を選ばなければなりません。いずれにしても，こうした問題解決（problem solving）の第一歩は，正確な工程フローダイアグラムの作成にあります。

　ボトルネックを発見してこれに対処する，という発想は，いわば生産プロセス改善の定石であり，決して目新しくはありませんが，近年，「制約条件の理論」（theory of constraints：TOC）として改めて注目されています。TOCは，ボトルネックが全体の能力を決定する，というシンプルな論理を軸にした生産計画法です。

　まず，工数計画や実際の現場観察などを通じて，プロセス全体の能力やスループットを制約する「ボトルネック」を見つけます。次に，ボトルネック工程がフルに活動できるように，例えば適量のバッファー在庫（安全在庫）をボトルネック工程の上流に積んでおきます。そのうえで，上流・下流工程をボトルネック工程に同期化させ，流れをスムーズにします。こうすることで，ボトルネック工程を挟んで，上流は「引っ張り工程」，下流は「押し出し工程」ということになります。そしてさらに，長期的にはボトルネックそのものを解消する手立てを考えます。

　「ボトルネック」のある生産状況を説明するためのアナロジーとして，子供たちが遠足で，狭い山道を列になって歩く状況を考えてみましょう（図３－11）。

　ここでは，子供は個々の工程に相当します。そして，列の先頭の子供が最上流工程，列の最後尾の子供が最下流工程，子供と子供の間隔が工程間在庫の量，子供の歩くスピードが各工程の生産スピードを表しています。

　このように，前の子供を追い抜けない状況で数人が数珠つなぎになって歩く場合，一番足の遅い子供（つまりボトルネック工程）によってチーム全体のスピード（ライン全体の生産量）が決まってしまいます。そこで，一番遅い子供（ボトルネック）を見つけ，その子を起点にして，前の子供達をロープでつな

図3−11 「ドラムバッファーロープ」のアナロジー

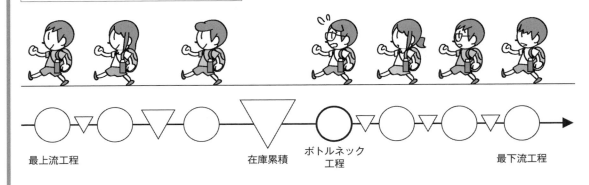

放っておくと先頭はどんどん先に行ってしまう

最上流工程　　　　　　在庫累積　　ボトルネック　　　　　最下流工程
　　　　　　　　　　　　　　　　　工程

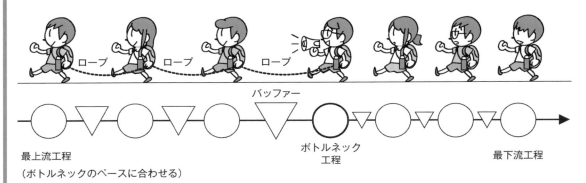

そこで、前の子をロープでつなぎ、遅い子が拍子をとる

　　　　　　　　　　　　　　　　　　バッファー

最上流工程　　　　　　　　　　　ボトルネック　　　　　最下流工程
　　　　　　　　　　　　　　　　工程
（ボトルネックのペースに合わせる）

出所：藤本隆宏・東京大学「経営管理」その他の講義資料より作成。

いでしまいます。これにより，列の前方の子供たちがどんどん先に行ってしまう事態（つまり上流工程の在庫累積）を防げます。一方，ボトルネックの子供より後ろの子供たち（下流工程）は，どのみち遅い子供を追い越せないので，ロープでつなぐ必要はありません。

　こうして，一番遅い子供がかけ声をかけて（あるいは太鼓でリズムをとって），他の子供がこれに同期化するのです。ただし，一番遅い子供とその前を行く子供の間のロープを適度に長くとること（ボトルネックの上流に適量のバッファー在庫を置くこと）によって，不測の事態によって一番遅い子供自身が他の子供に足を引っ張られてさらに遅くなってしまうことのないようにします。その上で，この一番遅い子供が何とかもう少し速く歩けないかを工夫します（ボトルネックの解消の努力）。

　以上のアナロジーを「ドラムバッファーロープ」と言います。「ドラム」は

「プロセス全体はボトルネック工程のペースに従え」,「バッファー」は「ボトルネックの足を引っ張るな」,「ロープ」は「各ステップを同期化させよ」ということを表しています。

ボトルネック工程の能力に合わせてライン全体の生産計画を立てることは,短期的には現実的な対応です。しかしながら,それが,ボトルネック工程の安易な現状追認になってはいけません。より長期的には,ボトルネック工程そのものの改善が指向されなければ,競争力の向上にはつながりません。この「ボトルネック改善」を強調するのが,「ジャストインタイム（JIT）方式」あるいは「トヨタ生産方式」だとも言えます。

「ジャストインタイム」の場合,あくまでも生産計画を最終需要のペース（正確には,それを平準化したペースすなわちサイクルタイム）に合わせるのが原則です。むろん,現実には生産技術上の制約などがあって,そう簡単にはいきませんが,目指すところは最終需要と生産の同期化です。

最終需要の発生スピードよりラインの生産能力の方が大きいならば,あくまでも前者に後者を合わせて,需要以上に作り過ぎないようにします。逆に生産能力が足りないならば,ボトルネック工程から速やかに改善を行い,需要に見合った生産量を確保します。

「子供の遠足」のアナロジーでいえば,最後尾の子供（最下流工程）が市場要求に合わせて歩くペースを決め,前の子供達（上流工程）は全員ロープでつないでこれに同期化させます。前の子供が遅すぎるようであれば,そのスピードアップ（ボトルネックの改善）を促します。

ここで気を付けなければいけないのは,ボトルネックを解消させると,次のボトルネックが発生する（子供の遠足でいえば,二番目に足の遅い子供）ということです。一工程だけを改善して部分最適に甘んじることなく,全体最適の視点で改善を考えましょう。

生産量をボトルネックの能力に従わせる「制約条件の理論（TOC）」は,市場要求に生産量を従わせる「ジャストインタイム（JIT）」思想によって補完される必要があるでしょう。前者は短期的には現実的ですが,それが「生産能力不足の安易な追認」になってしまえば,長期的には競争力を損なう恐れがあります。

4　ものと情報の流れ図

　ここまでは、「設計情報の流れ」に着目して、上流の開発や生産準備段階も含めた工程フローダイアグラム（工程流れ図）を描いてきましたが、生産現場に絞ったより実践的な「流れ」の記述として、「ものと情報の流れ図」があります。
　図3-12は、「設計情報の流れ」のかわりに、**管理情報の流れ**を図の上部に描き込んだ流れ図です。また、図の下部には、リードタイムを描き込むこともあります。つまり、上部は空間流れ図、下部は時間流れ図ということになります。これを見ると、付加価値作業時間（正味作業時間）の比率がいかに小さいかが分かります。英語ではValue Stream Mapと言いますが、この英語表

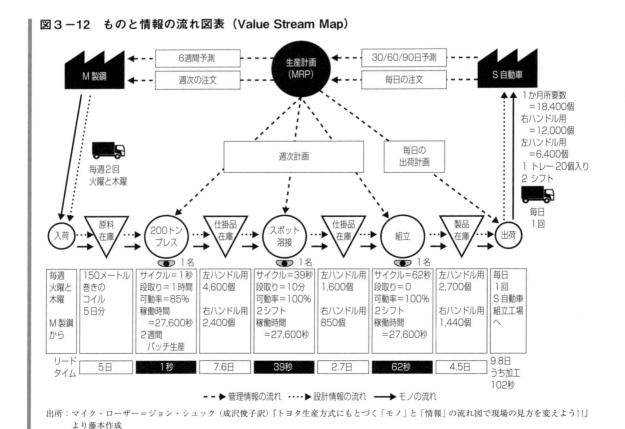

図3-12　ものと情報の流れ図表（Value Stream Map）

出所：マイク・ローザー＝ジョン・シュック（成沢俊子訳）『トヨタ生産方式にもとづく「モノ」と「情報」の流れ図で現場の見方を変えよう!!』より藤本作成

現のほうが，この図の本質をよく表しているとも言えるでしょう。要するに「付加価値＝設計情報」の流れを記述するわけです。このテキストの考え方に引き寄せて考えるならば，「ものと情報の流れ図」は，「情報と情報の流れ図」，すなわち「設計情報と管理情報の流れ図」と考えることもできます。

「ものと情報の流れ図」は，トヨタ自動車の大野耐一氏が創設した生産調査室で使われるようになり，現在は，日本の多くの産業現場や海外の現場で活用されています。

図3-13は，目標とする「あるべき姿」を描いた「将来のマップ」を示したものです。このマップは，ややトヨタ的な特殊なテンプレートを使って描かれています。実際には，「将来のマップ」は，もっといろいろな書き方ができると考えてよいでしょう。

図3-13　ものと情報の流れ図表（Value Stream Map）―将来マップの事例

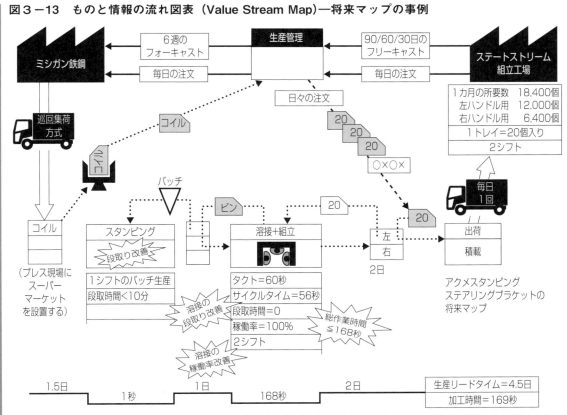

出所：マイク・ローザー＝ジョン・シュック（成沢俊子訳）『トヨタ生産方式にもとづく「モノ」と「情報」の流れ図で現場の見方を変えよう！！』より藤本作成

次に，現状マップと将来マップをつなぐ活動計画表の例を示します（図３－14）。

このように，アクションプランまでつなげるのが「ものと情報の流れ図」の特徴であり特長と言えるでしょう。

図３－14　ものと情報の流れ図表（Value Stream Map）―活動計画表

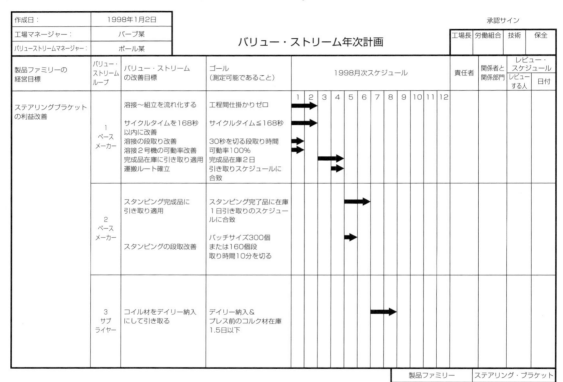

出所：マイク・ローザー＝ジョン・シュック（成沢俊子訳）『トヨタ生産方式にもとづく「モノ」と「情報」の流れ図で現場の見方を変えよう!!』より藤本作成

5 時間軸に沿ったプロセス記述

　以上は，空間における流れとしてとらえた工程フローダイアグラムでした。次に，時間軸に沿って流れを展開するタイムチャートを示します。ここでは，いわゆるガントチャート（gantt chart）を示しますが，CPM（critical path method）型のチャートなど，別の記述方法もあります。

　タイムチャートの基本は，ひとつのモノの流れを追いかけながらその時間経過を記述することです。具体的には，以下のとおりです。

　別工程，ライン，工場など，何層かのグラフを作ります。例えば，資金循環，納期，ラインのリードタイム，個別工程の稼動分析，などについて，異なる粒度で記述します。

　横軸には時間軸をとってください。リードタイム（スループットタイム）を納期・資金循環・生産性などと結び付けます。

　多品種のジョブショップ生産の場合は，代表的な製品に関して追跡します。

　正味作業時間分析（情報転写時間分析）をできるだけ付け加えることが必要です。

　最も大きな縮尺によるタイムチャートのひとつは，資金循環を示すものです。ここでは，大きなくくり（粒度）のバーで大くくりの活動（例えばライン全体の流れ）を記述していきます。リードタイム短縮が（特に中小企業にとって）いかに重要であるかがわかるでしょう（図3-15）。

図3−15　資金循環・納期・生産リードタイム相関図（概略）

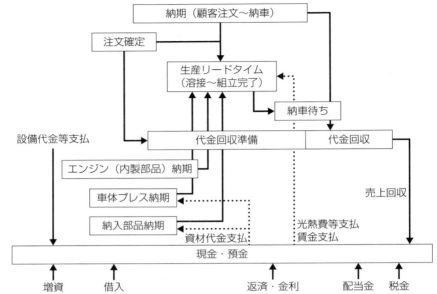

出所：藤本隆宏・東京大学「経営管理」その他の講義資料より作成。

　次に，納期と大くくりの生産リードタイムの関係を示すタイムチャートを描きます（図3−16）。

図3−16　納期・生産リードタイム相関図（概略）

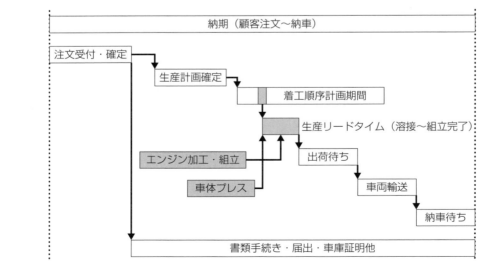

出所：藤本隆宏・東京大学「経営管理」その他の講義資料より作成。

さらに細かいところに降りて，全体のリードタイムと個々のラインのリードタイムの関係を示す中範囲のチャートを分析し，全体の生産リードタイム短縮を模索します（図3-17）。

図3-17　生産リードタイム全体図（概略）

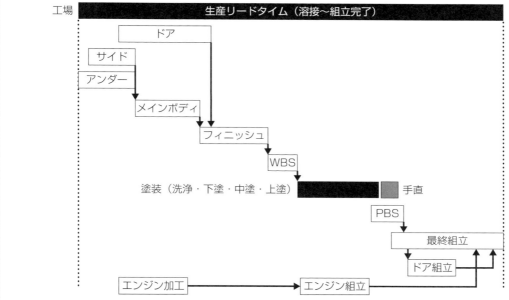

出所：藤本隆宏・東京大学「経営管理」その他の講義資料より作成。

次に,各ラインを個別工程に細かく分解します（図3－18）。個別工程については,正味作業時間（情報転写時間）とムダ・付随時間への分解を行います。ライン全体での累積正味作業時間もできれば把握しておくとよいでしょう。

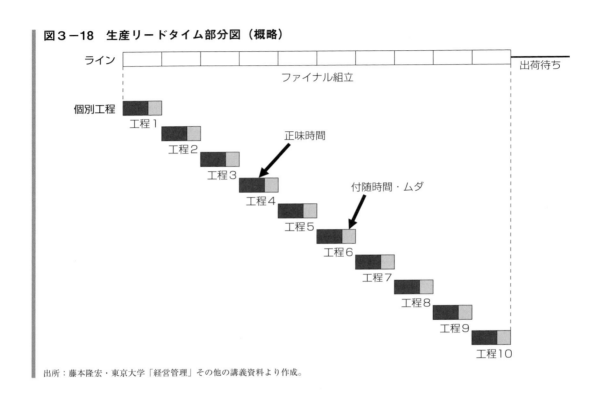

図3－18　生産リードタイム部分図（概略）

出所：藤本隆宏・東京大学「経営管理」その他の講義資料より作成。

さらに個別工程について，それを構成する作業者や機械まで降りて，詳細レベルの稼動分析を記述します。図3－19は，半自動機の例です。

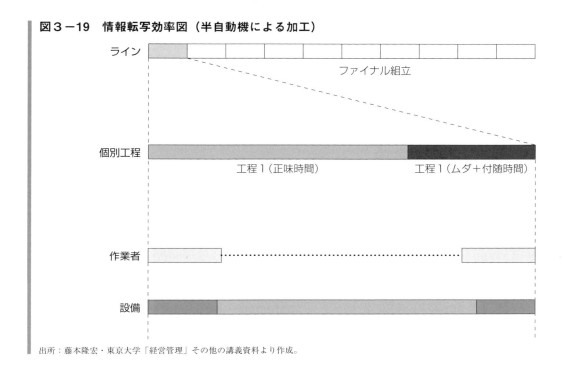

図3－19 情報転写効率図（半自動機による加工）

出所：藤本隆宏・東京大学「経営管理」その他の講義資料より作成。

6 パフォーマンスの測定

　パフォーマンスの測定指標は，まず，Q（品質），C（コスト），D（納期）などの競争力要素に分けて，一覧表をリストアップしておき，目的に応じて，適宜，適切な指標を選択して使い分けましょう。それぞれの測定指標について，テンプレートを作り，標準的なフォーマットを定めて，データベース化しておくと便利です。

　それでは，パフォーマンスのリストアップと標準フォーマットについて考えてみましょう。

　コスト・生産性関連の指標としては，生産性，正味作業時間比率，歩留まりなどがあります。

　テンプレートの一例……「ライン可動率」は，ラインを動かしたいときに実際に動いてくれる比率です。ライン単位で測定します。1個流しのラインで，納期遅れに大きく影響する1本線ラインの実力測定に適しています。それが対応する「あるべき姿」は，「納期遵守と高生産性」ということになります。例えばトヨタは，ライン上での問題発見を重視しつつも，この数字を98％程度に保つ傾向があります。

表3-1　評価項目のリスト（テンプレート記入例：ライン可動率）

測定指標	ライン可動率（正確にはライン末端可動率）
定義（単位）	ラインを動かしたい時間にラインが実際に動いている割合。単位は％。設備故障，チョコ停，上下工程待ち，作業遅れなどがない度合い。ライン末で測定。
データの入手方法	社内資料　　現場観察　　（聞き取り）
どのレベルで測定するか	会社　　工場　　（ライン）　　個別工程　　個別作業者　　個別設備
目安となる目標値	工程にもよるが，車体組立なら97％以上。
指標が使える条件	1個流しで連続して動き，個別工程の不具合がライン全体に与える影響が大きいライン。ライン停止による人件費，償却費などのロスの大きい工程。出荷遅れのコストの大きい製品。需要量にあわせてラインスピードが調整できるライン（稼働率より可動率が大事なライン）。
指標が使えない条件	個別工程間に仕掛品在庫があり，個別工程の停止が次工程に影響を与えないライン。その場合は個別設備の可動率を管理すべきである。
関連する「あるべき姿」	納期遵守。出荷遅れのない状態。ライン全体の設備生産性・労働生産性が高い状態。

出所：藤本隆宏・東京大学「経営管理」その他の講義資料より作成。

3　プロセス分析

Point

- ものづくりの「流れ」を正確に記述するのがプロセス分析。
- 設計情報はよどみなく，正確に転写されているか？
- ボトルネックを見つけて解消する。
- 「ものづくり改善インストラクター」の改善指導では，次の2点が鍵となる。

(1) 正確にプロセスを記述

　　　　空間でみるか

　　　　時間軸でみるか

　「モノ」と「設計情報」の流れを，目的に合わせてさまざまなレベルで記述する。

(2) 標準化されたテンプレートを用いて，パフォーマンス測定項目を評価（データベース化）。

　パフォーマンス測定指標を標準化することでこれに関連する形式知を体系的に蓄積する。

→「定石」作りの準備につながる。

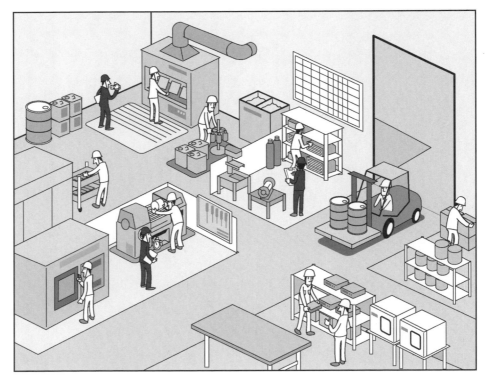

メモ・ストップウォッチ・ビデオの三人チームで現場を観る

第4章 コストと生産性

1 原価管理と原価企画

　ここからはQCDの管理・改善について考えていきます。まずは"C"すなわちコストについてです。

　コストを下げるには，賃金を下げる，資材単価を下げる，設備単価を下げる，そして生産性を上げる，といった方策が考えられますが，はじめの3つはそれぞれ人的資源管理，購買管理，設備管理の対象なので，ここでは**生産性向上**に集中しましょう。

　実際，他の3つが労働者やサプライヤーとの交渉ごとになりやすいのに対して，生産性向上は企業の自助努力で達成できるところが大きなポイントです。例えばトヨタ自動車などの企業でも，コストダウンの主役は，長年にわたって生産性の向上でした。

　本書ではQCDのうち，まずコストと生産性の管理・改善から話を始めます。とはいえ，実際の改善活動もコストダウンから始めなければならない，というわけではありません。むしろ，品質改善（Q）が先，という説もありますし，トヨタ方式のように生産リードタイムの短縮（納期改善；D）から入るアプローチもあります。この点については後述します。

　まず原価管理・原価改善について説明し，それから生産性の定義・管理・改善について考えていきます。

　最初に，原価管理について，ごく簡単に説明します。

　一般に，製品のコストを管理する活動を，原価管理といいます。原価管理の前提になる情報は，原価計算（cost accounting）によって得られる原価情報です。狭義の原価管理の基準になる**標準原価**（standard cost）とは，「標準の操業度において，標準の作業方法に対して，標準の能率（要素生産性）と標準の

原価率（要素価格）を適用して算出される原価」のことです。標準という言葉から連想されるように，標準原価という考え方は，テイラーおよびその流れをくむ「科学的経営」や「インダストリアル・エンジニアリング（IE）」と密接な関係があります。しかし，後述のように伝統的な全部原価計算と流れを重視する「ものづくり経営」との間には緊張関係があります。

「狭義の原価管理」（cost control）は，標準原価と実際原価の差異を測定し，差異の原因を分析し，しかるべき修正行動をとることで，実際原価を標準原価の近辺に維持する，という短期的，静態的な管理活動です。

一方，「広義の原価管理」（cost management）は，上記の「狭義の原価管理」に加えて，改善活動や標準そのものの改訂を通じて目標そのものを改定していく原価改善（原価低減）や，さらに製品企画・設計段階において目標原価を作りこんでいく「原価企画」を含みます。

量産に入ってから，要求される製品機能を維持しつつコストを下げる工夫を，バリュー・アナリシス（VA）といいます。これに対して，量産前の製品開発の段階において要求される製品機能を維持しながらコストを下げる工夫を，バリュー・エンジニアリング（VE）といいます。前者は原価改善，後者は原価企画と密接に関連しています。

原価企画・原価改善・原価管理（狭義）の関係を簡単に説明すると，図4-1のようになります。

まず，新製品を開発する際に，「原価企画」によって，目標原価そのものを設定します。市場で販売可能な価格と，会社の必要利益の折り合いをつける形

図4-1　原価企画・原価維持・原価改善

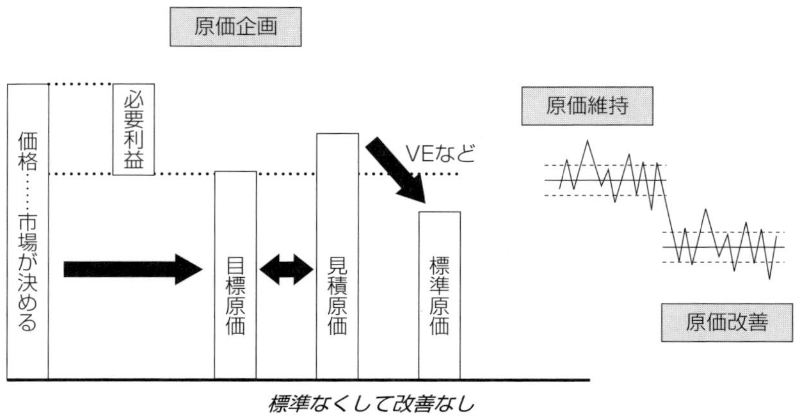

出所：藤本隆宏・東京大学「経営管理」その他の講義資料より作成。

で，目標原価あるいは標準原価を設定します。生産開始前に，まずこうして目標となる原価を割り出します。

続いて量産段階に入ると，生産現場の改善や購買部門による部品単価引き下げによって，継続的に標準原価そのものを下げていきます。これが「原価改善」です。

さらに，短期的には実際の原価が標準原価の上下の一定の範囲内におさまるようにコントロールします。これが狭義の「原価管理」です。

まず，狭義の原価管理を簡単に紹介しましょう。なお，製品原価の算出の仕方などについては，管理会計の教科書で細かく論じられていますので，それらを参照してください。

原価計算の基本的なフレームワークはアメリカで発達し，ほぼ1925年頃には完成して，その後60年以上，1980年代まで大きな変化はなかったといわれています。その主流は，長年にわたって，間接費を各部門・製品に配賦（製品への費用の割り付け）する「全部原価計算」でした。「全部原価計算」の基本骨格を示しましょう。製品別の標準製造原価（standard production cost）の算出は，以下の2段階で行います。

(1) **全体からコストセンターへ**：まず，企業や工場全体のコストを費目（cost items）に分け，費目ごとに適切な「第一次配賦基準」（first allocation base）にしたがって「コストセンター」（原価部門，例えば工程）に配賦し，これをコストセンターごとに集計します。

(2) **コストセンターから製品へ**：次に，「コストセンター」（原価部門，以下「工程」と呼ぶ）ごとに，コストを直接労働時間で割って，工程別の「**負荷率**」（burden rate：標準配賦率），つまり直接労働時間当たり発生費用を計算し，これに，別途測定した工程別の「製品1個当たり所要直接労働時間」（unit labor hour）をかけて製品別・工程別コストを算出します。これを，製品ごとに集計すれば，製品ごとの「標準製造原価」が得られます。つまり，第2段階（工程から製品へ）の「**配賦基準量**」は通常は直接労働時間となっています。

ただし，以上は製造間接費の場合です。帰属関係が明白な直接材料費などは，こうした面倒なことはせずに，直接各製品に賦課（直課）します。以上を1枚

図4-2 標準的な2段階の標準原価計算システム

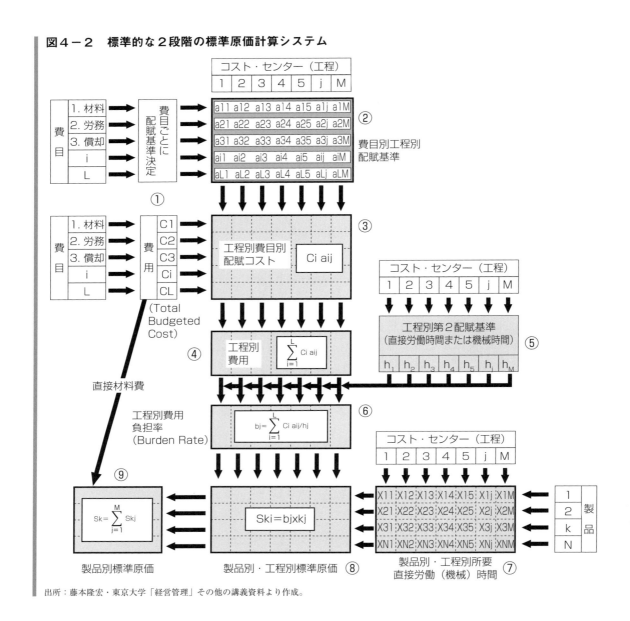

出所:藤本隆宏・東京大学「経営管理」その他の講義資料より作成。

の概略図に表すなら,図4-2のようになります。

まず,図の左上からスタートします(①)。工場全体で把握されている各費目(製品との結び付きが自明な直接材料費を除く)を,各工程(=コストセンター)に割り振るルールを決めます(②)。例えば光熱費なら,各工程の面積比で按分するのが自然でしょう。以下同様に,工程に対する各費目の割り振りを決めます。これが第1配賦基準です。

実際の費目別の全工場における発生コストに,この第1配賦基準(割り当て

のルール）を適用することで，工程別・費目別のコストの表ができます（③）。それを工程ごとに縦方向に集計すれば，工程ごとのコストの合計が算出されます（④）。

一方，工程ごとの直接労働時間を測定しておきます（⑤）。これが第2の配賦の根拠となります。各工程のコストを工程ごとの直接労働時間で割れば，負荷率，つまり工程ごとに直接労働者が1時間働いたときにどれだけのコストが付随して発生するかを示す率が出ます（⑥）。

最後に，製品1個当たり直接労働時間を，工程ごとに，標準的な条件で測定して表にしておきます（⑦）。これに先の「負荷率」をかければ，工程別の製品1個当たりの標準的なコストを示す表ができます（⑧）。

最後に，この表を製品ごと（水平方向）に集計すれば，製品1個当たりの標準原価が測定できます（⑨）。これが，図の左下に出てきます。

(1) ABC（活動基準原価計算）

「活動基準原価計算」（ABC：activity-based costing）は，製造原価の計算そのもの（特に間接費の配賦基準）の精度をもっと上げようと考えます。この背景には，製造間接費が製造原価全体に占める割合が大きくなった割に，製造間接費の配賦の方法が正確でなかったという問題意識があります。具体的には「第2段階における製品への間接費配賦基準が直接労働時間であるのは，自動化した現在の工場の実情に合わない」，「段取替の費用が製造原価に反映されていないため，多品種少量製品のコストが過小評価され，品種過剰の原因となりやすい」といったような問題が指摘されていました。

ABCのアイデアを簡単にいえば，製品の生産に必要な「活動」の流れ，すなわち「プロセス」をまず正確に把握し，製品1単位当たりの活動量を割り出し，また活動1単位当たりに消費される資源量（発生するコスト）を計算し，これによって製品1単位当たりのコストを活動別に把握して集計しようと考えるものです。

従来のような「コストセンター（工程）」別ではなく，「金型の切り替え」などの「アクティビティ（活動）」別に費用を集計し，次に「活動」別に把握された資源・費用を各製品に配賦する。つまり「資源→活動→製品」というルートの2段階配賦によって，原価計算の測定精度を上げようとするものです。

(2) スループット会計

　第2の流れは、間接費の配賦（全部原価計算）という考え方そのものを否定するもので、なかでも90年代に注目されたのは「スループット原価計算」と呼ばれるものです。

　ここで「スループット」とは、売上高から直接材料費を引いたもの、正確には「（販売価格－1個当たり直接材料費）×売上数量」のことです。製品1個当たりの利益は「スループット」のレベルで把握します。一方、直接材料費以外のすべての製造原価（直接・間接の労務費や経費）は「業務費用」としてプールされ、製品別の配賦は行いません。つまり、従来の標準原価システム（全部原価計算）が、「間接費の配賦」を通じてすべての製造原価を「製品1個当たり」のレベルで把握しようとするのに対して、「スループット原価計算」で「製品1個当たり」のレベルで把握されるのは、直接材料費のみ（直接労務費なども含まない）です。

　こうした「スループット会計」では、文字どおり「スループット」の最大化が第一の目標になります。そして、図4－3（上段）でも明らかなように、価格・費用条件を所与とすれば、「スループット」を増やすためには売上数量を

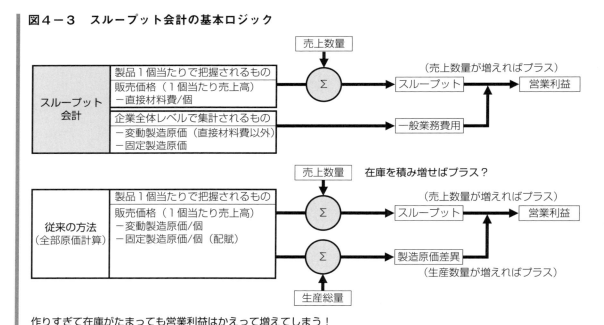

図4－3　スループット会計の基本ロジック

作りすぎて在庫がたまっても営業利益はかえって増えてしまう！

出所：菅本栄造（1998）「スループット会計の基本思考とその技術構造―伝統的貢献差益法による製品組み合わせ決定問題の再検討」"Commercial review of Senshu University"（65），65－93

増やすしかありません。したがって企業は，生産上の制約条件の範囲内で，販売の増加に集中することになります。

従来の全部原価計算の場合，生産数量を増やして在庫を積み増せば製造固定費分の「見かけ上の利益」が「製造原価差異」の増分として計上されるため，そうした「過剰生産」を行う誘因が存在します（図4－3の下段）。しかし，「スループット会計」にはそうした誘因がありません。この意味では，トヨタはこれを採用していないながらも，トヨタ的発想と相性がよいといえます。

さらに，「スループット」に対する「在庫」や「業務費用」の比率を管理するので，在庫低減や製造活動の効率化への誘導が可能になります。

(3) 原価企画（目標原価）

第3の流れは，主に日本企業に見られる傾向で，過去のデータに基づく「標準原価計算」はそもそも原価改善の手段としては不適切として，これを財務会計のためのシステムと割り切り，原価そのものの企画・改善・管理活動は標準原価システムの枠外で行う，という方向です。例えばダイハツ工業は，1980年代においてすでに，標準原価制度は財務会計的な制度としては残しながらも，差異分析は廃止するなど，管理手段としては廃止したと言われています。

「原価企画」も，この第3の流れに乗っています。原価企画とは，新製品の企画・開発段階において原価を作り込むことです。ある新製品企画に関して，市場が許容するとみられる目標価格の設定から出発し，企業としての目標利益が確保できる目標原価の設定へと進み，**価値工学**（VE：value engineering）などを用いてその実現を図る，部門横断的な活動です。

標準原価計算を軸とする「狭義の原価管理」が，基本的には製造開始後の原価維持活動であり，過去の製造活動を基準に原価目標を定めるのに対し，原価企画は企画・設計といった源流段階からの活動であり，将来の市場ニーズから原価目標を引き出す点で，標準原価とは発想が根本的に異なると言われます。

原価企画は，欧米から導入したVEなどを再解釈する形で，1960年代以来，トヨタ自動車など日本企業で形成され，近年，欧米でも注目されています。市場における製品の競争力に直結する日本発の管理会計手法として，今後も重要な意味を持ち続けるでしょう。

2　生産性の概念とその測定

　生産性は，入り（インプット）と出（アウトプット）の比率なので，それぞれに関していくつかのタイプに分類できます。

(1) アウトプットによる分類

　産出量（アウトプット）を物量タームで示すか，売上高，付加価値（売上高から原材料費，購入部品費，外注加工費などを差し引いたもの），利益などの金額タームで示すかによって，「物的生産性」と「価値生産性」に分かれます。

　「物的生産性」は，物量タームの産出量と，生産要素投入量との関係を示します。現場の改善を仕事とする「ものづくりインストラクター」にとっては，こうした現場現物密着の「物的生産性」の測定が最も重要です。異なる産業間での比較は困難ですが，現場改善など，狭い範囲で使うにはより適した生産性指標であると言えます。

　「価値生産性」の例としては，「1人当たり売上高」が挙げられますが，これは企業ごとの内製率の差を反映しない，という問題があるので，「1人当たり付加価値」すなわち「付加価値生産性」をとるのが一般的です。ただし，「付加価値」の中には営業利益・販売費・一般管理費なども含まれるため，特定事業部のものづくり活動の効率を細かく測定する指標には向きません。

(2) インプットによる分類

　投入（インプット）の面から見ると，労働生産性・資本生産性・原材料生産性など「個別要素生産性」と呼ばれるものと，それらを総合した「全要素生産性」がありますが，後者は複雑な概念なので，ここでは取り上げません。「ものづくりインストラクター」としては，とりあえずは，「1人当たり生産量」や「1個当たり工数」といった物的な個別要素生産性が基本的に理解できていればよいでしょう。

　ここで，生産性について説明します。

　コストの規定要因として重要なのは，(1)「生産性」（原単位）と，(2)「投入要素価格」（材料価格，賃〔金〕率，設備価格など）です。仮に，標準原価と実

際原価のずれに問題がない（原価差異がない）とすると，「製品原価」は，各原価要素について，ある種の「物的生産性」（原単位）に「要素価格」を掛け合わせたものを積み上げれば得られます。したがって，コスト競争力アップの方策としては，「生産性向上」と「要素価格切り下げ」の2つです。ここではこのうち，「生産性向上」に集中しましょう。

一般に「生産性」とは，「インプット（生産要素の投入）とアウトプット（経済的に有用な産出）の比率」のことです。アウトプットが分子にくることも，分母にくることもありますが，取扱いが一貫している限り，どちらでもかまいません。いずれにしても，分析の目的や分析対象のレベル（例えば産業レベル，企業レベル，工場レベル，個別作業レベルなど）によって，採用すべきインプット・アウトプットが異なります。

また，「生産は設計情報の転写である」という，本書の「ものづくり」観からみるならば，生産性とは，ある生産資源から製品へ向けた「設計情報の発信の効率」と言い換えられます。これについては，あらためて説明します。

以上をまとめて，図で説明してみましょう（図4-4）。以下，労働生産性に焦点を絞りますが，資本設備の場合も基本的なロジックは同じです。

図4-4　要素生産性と生産リードタイム（概念図）

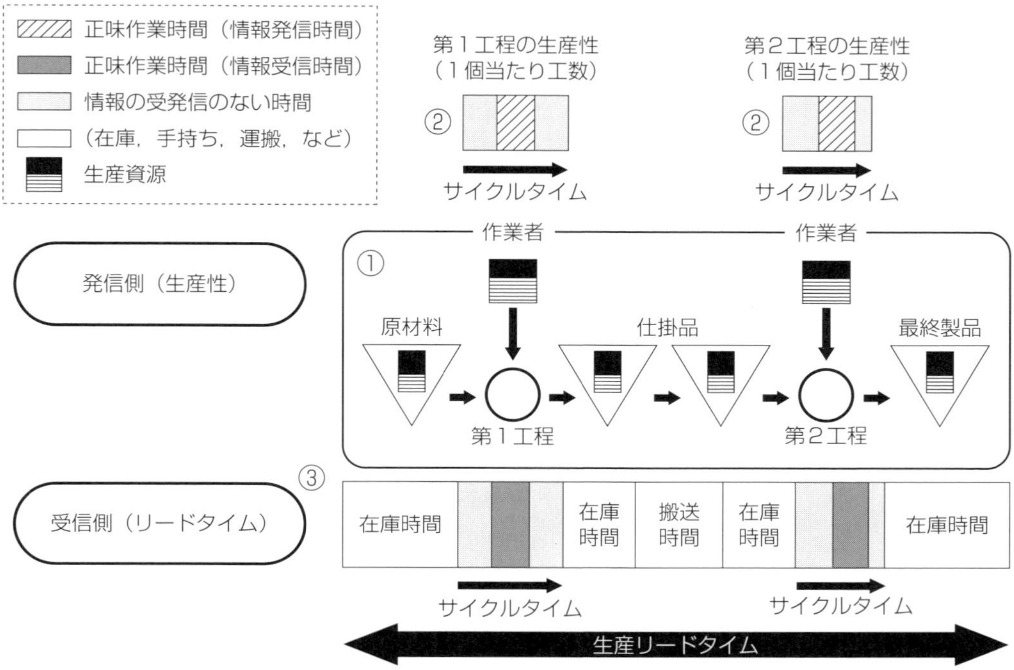

出所：藤本隆宏・東京大学「経営管理」その他の講義資料より作成。

まず，この図の中央（①）にあるのは，典型的な大量生産プロセスです。2つの工程があり，その間で仕掛品の搬送が行われています。工程の間には原材料・仕掛品・最終製品の在庫が置かれています。各工程には作業者がいて，「設計情報の転写」である生産活動を繰り返し行っています。

この「工程フローダイアグラム」を挟んで，図の上部（②）は「作業」すなわち「情報の発信サイド」の時間分析を表しています。これが「生産性」の分析に対応します。これに対して，下部（③）は「工程」すなわち「情報の受信サイド」の時間分析を表しています。これは「生産リードタイム」の分析に対応します。

具体的には，図の上部にあるボックス（②）の横幅が，各工程における一区切りの作業に要する時間，すなわち「サイクルタイム」の長さを示しています。そして，このボックスの中の斜線部分は，この「サイクルタイム」のうちで，実際に付加価値を生み出す「正味作業時間」，すなわち「設計情報の転写が実際に行われている時間」を表します。

この場合，1サイクルの仕事（アウトプット）を遂行するのに要する時間，すなわち「サイクルタイム」の長さが，現場レベルの労働生産性（製品当たりの工数）のひとつの指標となります。そして，「サイクルタイム」と「正味作業時間」（情報転写時間）の関係を分析することによって，労働生産性の要因分析が可能になります。

なお，②の斜線で示した正味作業時間は，情報の発信側（作業者，設備等）のそれであり，サイクルタイムに占めるその比率（正味作業時間比率）は，優良な企業でも20％，多くの企業では5％程度であり，また③の濃い網掛け部分は，情報の受信側（素材，媒体，仕掛品等）のもので，リードタイムに占めるその比率で見れば，0.005％といった数字も珍しくありません。この比率が2倍になればおのずと生産性も2倍になり，5倍になれば生産性も単純計算すれば5倍ということになります。そのため，数年で生産性を数倍にする現場がありえるのです。この点については，第5章であらためて説明します。

それでは，生産システムの改善，生産性向上は，具体的にはどのような形で行われるのでしょうか？　これに対しては19世紀以来，「工学的なアプローチ」と「労務管理的アプローチ」（労使関係，賃金管理，動機付け，作業組織設計など）が併存してきました。ここでは「工学的なアプローチ」を検討していくことにしましょう。

一般に，生産性向上に貢献する工学系の分野には，大きく2つの領域があります。第1は，原材料から製品への変換に必要な個別工程における機械・設備・工作技術・化学反応などの設計・改善を行う「生産技術」の領域で，機械工学や化学工学など，いわゆる「固有技術」と呼ばれる分野です。生産工程ストックから原料・仕掛品へと伝達される「製品設計情報」のうち，機械・設備・治工具などの「ハードウエア」に体化された部分の内容・伝達方法・伝達効率については，主にこうした「固有技術」の各分野が受け持ちます。

第2は，生産のためのシステム全体，つまり，作業者・機械設備・治工具・材料・仕掛品・製品在庫・搬送システムなどからなる生産プロセス全体の効率化を図ることで，これが，いわゆるIEすなわちインダストリアル・エンジニアリング（industrial engineering）が担当する領域です（日本語では経営工学，管理工学，生産工学など，さまざまに呼ばれています）。

3　インダストリアルエンジニアリング（IE）の諸手法

「狭義のIE」すなわち「作業研究」としては，以下のような手法が知られています。

工程分析：3章で紹介した工程の連鎖としてのプロセスにおける，モノの流れのフローチャート分析やレイアウト分析など。

連合作業分析：人と機械，人と人の組み合わさったシステムの作業分析で，トヨタの「標準作業組み合わせ票」がこれにあたります。

動作研究：個別工程における作業の繰り返し動作の分析。「要素作業分析」「両手作業分析」「微動作分析」「映像分析」など。

時間研究：ストップウォッチなどを使った作業時間の測定・評価。「作業測定」ともいいます。通常は，観測者が作業者の脇にストップウォッチと観測用紙を持って立ち，要素作業ごとの所要時間を100分の1分（0.6秒）単位で測定し，観測用紙に記入し，平均値を計算します。また，現在ではビデオで撮影しておき，1コマに当たる30分の1秒を最小単位として，秒単位で測定することが多くなっています（皆で見られるのでチーム改善に有効でしょう）。こう

した観測値に，熟練度や努力度，疲労度などを勘案した係数を掛けて，「標準作業時間」を設定します。

稼働分析：連続観察やワークサンプリングなどによって，作業時間を「主作業」（付加価値を生み出す正味作業）「付随作業」「余裕」などに分類し，その比率を評価します。細かい動作の秒単位の測定が目的ではないので，作業時間測定の単位は上記の「時間分析」よりはきめが粗くてもかまいません。ここでもビデオとPCによる分析が役にたちます。

これらのうち，工程分析，連合作業分析，要素作業分析，微動作分析は「方法研究」（method study）とも呼ばれるもので，図4－5に示すように，「工程→作業→要素作業→動作」といった，人間系の生産システムの階層構造の各レベルにおおまかに対応しています。

一方，時間研究と稼動分析は，作業の所要時間に関する現状把握を目的としますが，個々の要素作業の所要時間を具体的に測定して積み上げ，標準作業時間を算出するのが「時間研究」，その標準作業時間を「付加価値を生んでいる時間」とそうでない時間に分類し，各カテゴリーの比率を測定するのが「稼働分析」です。

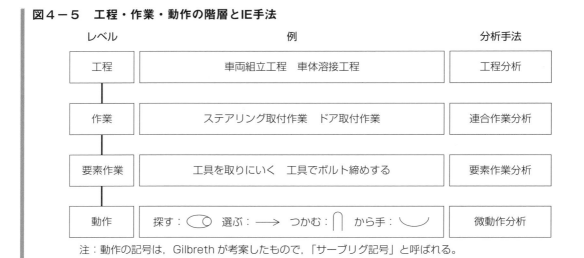

図4－5　工程・作業・動作の階層とIE手法

注：動作の記号は，Gilbrethが考案したもので，「サーブリグ記号」と呼ばれる。
出所：藤本隆宏・東京大学「経営管理」その他の講義資料より作成。

(1) 工程分析

工程分析（プロセス分析）についてはすでに取り上げましたが，工程フローダイアグラムで記述するもの（図4-6）と，レイアウトを描いてものの流れを改善するもの（図4-7）があります。

図4-7は，縫製工場の例で，当初は入口と出口が一緒だったため流れが錯綜し，また中央に食堂があって動線を邪魔していました。改善後は，動線がすっきりすることで，流れも見えやすくなり，混線による不具合の発生も減りました。

このように，工程のレイアウトを変更するだけで，ほとんど追加の設備投資もなく，労働生産性や品質を大幅に上げられるケースは少なくありません。

図4-6　工程分析：　①工程フローダイアグラムで記述する

フィルム製造工程の工程フローダイアグラム（フローチャート）

フィルム原料 → 計量 → 投入 → 加熱 → 押出 → 延伸 → 表面処理 → 巻取り → 幅カット → 厚み測定 → 紙管へ巻取り → 外面検査 → 包装 → 荷造り

紙管 → 切折り
ダンボール → 組立

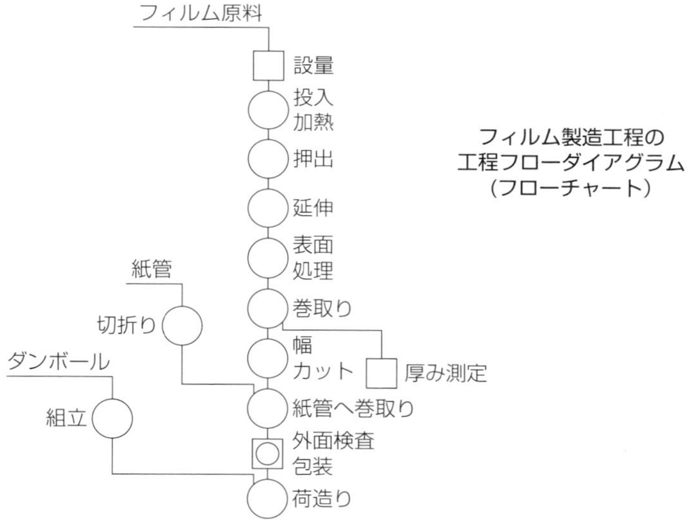

出所：桑田秀夫『生産管理概論』

図4-7 工程分析： ②レイアウトを描き，モノの流れを改善する

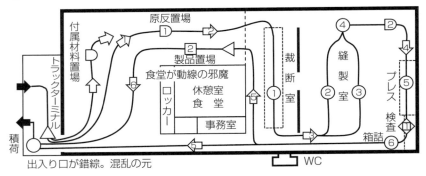

レイアウトの改善による
モノの動線のシンプル化

縫製工場フローダイアグラム（現在方法）

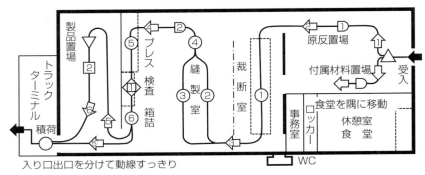

縫製工場フローダイアグラム（改善案）

出所：桑田秀夫『生産管理概論』

(2) 連合作業分析

　図4-8は，印刷工場における段取替作業に関する「連合作業分析」です。この図は「マン・マシン・チャート」と呼ばれるもので，印刷用プリント機1台と作業者2人（機長と助手）の状態を時間軸に沿って同時並行的に把握できるように作られています。

　図4-8の左図でわかるように，現状では，ひとつの印刷作業を終えると印刷原版の入った型枠を外して枠の洗浄・乾燥を行い，次に新しい印刷原版を入れて新たな印刷をはじめます。一方で，プリント機の清掃・調整・試運転を行い，次の印刷に備えています。こうした切替作業を「段取替」といいます。図でわかるとおり，この段取替作業は機長と助手の2人が手分けして行い，その間，プリント機は70分間にわたって停止しています（停台）。停台時間は機械が価値を生み出していない（情報の転写を行っていない）時間なので，これをできるだけ減らしたい。図4-8の右図はその改善案です。

4　コストと生産性

　まず，多少の投資で予備枠を入手して，型枠を2つに増やします。これによって，印刷機の運転中に，助手が空いているほうの型枠の洗浄・乾燥および新しい印刷原版の準備を行えるようになります。また，機長と助手が共同で機械の清掃・調整を行うことで，従来あった「手あき時間」（何もしていないムダな時間）を解消しています。

　これは，いわゆる「内段取の外段取化」の典型例ですが，この2つの改善によって，70分あった機械の停止時間は48分に短縮され，それだけ機械および作業者の生産性が向上したのです。

　とはいえ，ただやみくもに機械停止時間を短くしても，その時間を何に使うのかという具体的な目的がなければ，遊ばせる時間を作っただけで終わってしまうでしょう。この点には十分な配慮が必要です。

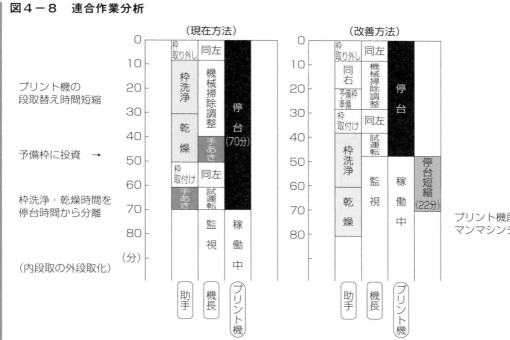

図4－8　連合作業分析

出所：桑田秀夫『生産管理概論』

(3) 動作分析

細かいレベルで，1人の作業者の右手と左手の動きを示した「両手作業分析」も，一種の「動作分析」です。

図4-9で分析しているのは，紡績工場における管糸（管に糸を巻き付けたもの）の検査作業で，作業者の左に検査すべき管糸があり，検査済みの管糸は袋に入れて右側の箱に詰めていきます。よく見ると，「現状（左）」の表の右上と左下に「手待ち」（「D」字形の記号で表現），つまり価値を生んでいない状態が多く見られます。つまり1サイクルの作業のはじめに右手，サイクルの終わりに左手が遊んでいることがわかります。また，検査済みの管糸の袋詰め作業にもたついていることが読みとれます。

これに対して改善案（右）では，(1)サイクルの終わりの時間帯に，右手の箱詰め作業と左手の管糸取り出し作業を同時に行うこと，および，(2)袋に管糸を入れる代わりに管糸に袋をかぶせることで動作を簡素化して，作業時間を短縮しています。要するに，右手と左手をより上手に連携させることで，生産性向上を図っているのです。

図4-9　動作研究：両手作業分析

合繊管糸検査の両手作業分析表（現在方法）

左手の動作			右手の動作
管糸の方へ手を伸ばす	⇨	D	手待ち
箱の中の1本をつかむ	○	∥	〃
検査台まで運ぶ	⇨	∥	〃
持ちかえる	○	○	右手でつかんで
ベッグへさし込む	⇨	⇨	ベッグへさし込む
鋏で糸端を切る	○	○	糸端を切る
管糸を回しながら検査	□	□	管糸を回しながら検査
包装袋を用意	⇨	⇨	包装袋を用意
検査続行	□	D	袋を持ったまま待つ
右手の袋に手をやる	⇨	⇨	ベッグから管糸を抜き取る
袋の口を広げる	○	○	管糸を袋に入れる
支えている	D	∥	〃
ビニール袋の端を管の中へ	○	○	ビニール袋の端を管の中へ
手待ち	D	⇨	管糸を箱へ移す
〃		∥	○	箱に詰める
〃		∥	⇨	手をもとへ戻す

合繊管糸検査の両手作業分析表（改善案）

左手の動作			右手の動作
箱の中の1本をつかんで	○	⇨	箱詰をした右手をもとへ戻す
検査台まで運ぶ	⇨	D	手待ち
持ちかえる	○	○	右手でつかんで
ベッグへさし込む	⇨	⇨	ベッグへさし込む
鋏で糸端を切る	○	○	糸端を切る
管糸を回しながら検査	□	□	管糸を回しながら検査
袋へ手をやって	⇨	⇨	袋を1枚とりだして
袋の口を広げる	○	○	管糸に袋をかぶせる
管糸を抜き取って	⇨	⇨	ベッグから管糸を抜き取る
ビニール袋の端を管の中へ	○	○	ビニール袋の端を管の中へ
管糸の方へ手を伸ばす	⇨	⇨	管糸を箱へ移す
そのまま待つ	D	○	箱の中へ詰める

• 右手と左手を同時に使う工夫
• 袋入れの動作の工夫

出所：桑田秀夫『生産管理概論』

4 管理と改善

　品質管理の権威であるジュランらは，狭義の管理である「現状維持的管理」を「目標・標準を固定し，その回りに許容範囲（管理限界線）を設定し，これを逸脱した場合は原因を分析し，原因を除去する矯正的行動をとること」と規定しています。標準原価に基づく「差異分析」や，品質管理における「管理図」(control chart) の考え方などは，その典型例です。これに対しジュランは，「改善」を「目標の上方修正」あるいは「標準の改訂」としてとらえます（図4－10）。

　「改善」とは，基本的には「問題発見・問題解決」のプロセスです。

　具体的には，「目標の設定→現状の測定→問題点（目標と現状のギャップ）の発見→原因の追究→改善の代替案の作成→各代替案の評価→改善案の決定→実施→成果フィードバック→是正」といった標準的な手順を踏むと考えられます。

　IEにおける問題発見・問題解決プロセスのひとつの特徴は，改善案の探索をサポートする「定石」（ある種のサーチ・ルール）のようなものが，かなり

図4－10　管理と改善概念図

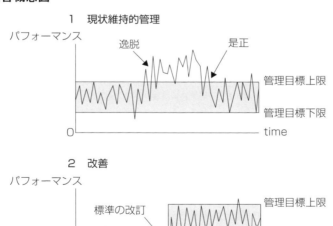

出所：藤本隆宏・東京大学「経営管理」その他の講義資料より作成。

具体的に考案されていることです。IEにおける改善の「着眼点」「発想法」は，いわば経験の積み重ねから生み出された知恵であり，必ずしも理論的な根拠があるわけではありませんが，実際に改善を行う当事者にとっては，多くの場面で指針として役立ちます。

そうした改善・効率化のための着眼点としては，例えば「ECRS」という発想法があります。すなわち，

(1) eliminate（引き算）：まず，省略してしまっても構わないムダな作業はないかをチェックする。
(2) combine（足してから引く）：省略できないなら，別の作業と統合して両者を効率化できないかを考える。
(3) rearrange（引いてから足す）：作業の順序・場所・担当者などを替えることによってできうる効率化を工夫する。
(4) simplify（割り算）：作業の簡素化の余地はないか考える。

この順に，改善案を発想してみるのです。

さらに細かいレベルで言えば，「急激な方向転換を伴う動作（振り向き作業など）は避ける」「足を活用する」「両手を使う」「両手の動きはできるだけ左右対称に近づける」など，細かい動作に関する具体的な原則がさまざまに考案されてきました。これらを「動作経済の原則」と言います。ほとんどスポーツの指導や踊りの振り付けを連想させます。

「5W1H」というのも，IE発想法の常套手段です。現在行われている個々の作業について，誰が（Who），何を（What），いつ（When），どこで（Where），どうやって（How）行っているかに分解し，それぞれについてなぜ（Why）そうやっているのか，ベターな代替案がないかを考えます。どちらかといえば，欧米流の分析的・合理的なアプローチと言えるでしょう。

これに対して，「トヨタ生産方式」で強調される作業改善発想法は，「5つの"Why"」とされています。前述の「5W」を5つの「なぜ」（Why）に置き換え，そこから一気に「どうするか」（How）を引き出すという，一見「禅問答」的なアプローチですが，そのねらいは，問題の根本原因を見つけるまで「なぜ」を繰り返すことであり，それによって問題の再発を予防することです。

トヨタ生産方式の創始者である大野耐一氏の有名な，機械故障の例を一部簡

略化して紹介しましょう。

① なぜ故障したか → ヒューズが飛んだから
② なぜヒューズが飛んだか → ベアリングの潤滑不足で過負荷が生じたから
③ なぜ潤滑不足だったか → 潤滑ポンプが適正に作動していなかったから
④ なぜ作動しなかったか → ポンプのアクセルが摩耗していたから
⑤ なぜ摩耗していたか → ポンプにスラッジ（金属粉）が入ったから

ここではじめて，改善案（How）として，「潤滑ポンプに濾過装置をつけて，スラッジを防ぐ」が出てきます。

5回というのはあくまでたとえで，要するに「徹底的に原因究明を繰り返し，根本原因に遡って問題解決せよ」ということです。この例でも，1回か2回の「Why」で問いをやめてしまえば，改善案は「ヒューズを交換する」「ベアリングを交換する」などになりますが，これでは故障の根本原因が除去されていないため，今後も故障が再発するでしょう。

活発な改善活動で知られるトヨタ自動車における「標準作業改訂」プロセスは示唆に富んでいます。その特徴は，以下のとおりです。

(1) 標準作業はIE専門家ではなく，現場の管理者である「組長」が作成すること（「組長」とは約20人の製造現場の作業グループのリーダー。現在はこの呼称は使われていませんが，便宜上，ここでは「組長」という言葉を使います）。
(2) 「組長」自身がベテラン熟練作業者の出身であること。
(3) 「組長」も労働組合員であること。
(4) 新しい標準作業は，確定する前に必ず「組長」自身が作業者に対して，新しい標準に従った作業を実際にやって見せること。
(5) 新しい標準作業は「標準作業組み合わせ票」「作業要領書」「作業指導書」「標準作業票」などの形で標準的なフォーマットの文書にすること。これを「組長」自身が作成すること。
(6) 数か月に1回は標準の改訂を心掛けること。

ちなみに，「作業標準」と「標準作業」はよく混同されますが，別個のものです。「作業標準」とは，例えば切削速度，送り，工具の形式・形状，切削油

の種類などで，品質を確保するための技術の急所のように作業の前提として守るべきスタンダードであり，上からの指示で決定される場合も多くみられます。これに対し「標準作業」は，製品を作るための監督者の意思を入れて標準化した作業方法を指します。ミスがあったとき，「人を責めずにやり方を攻めよ」という言葉があります。このときの「やり方」とは，標準作業のことを指しています。

標準は，現場における法律のようなものです。標準がなければ無法状態になってしまいます。しかし標準はすぐに古くなって現状に合わなくなるので，その場合はすみやかに改訂し，より良い標準に直していかなければなりません。これが改善です。

トヨタではきわめて周到に標準作業組み合わせ表を作成しています。これは，人の仕事と機械の仕事の時間的なからみ合いを表現するものです。

トヨタは「民主的テイラー主義」といわれることがあります。作業の標準化を重視しますが，その標準は現場のリターンを中心にまとめているからです。

「改善提案制度」（提案箱などを通じて個人の提案を継続的に募集し，審査，表彰，実施する）と「小集団活動」（QCサークル，ZD活動，JK，提案グループなど）は，それぞれ個人レベルと集団レベルでの改善活動の手段です。「現場の風通しをよくする」「自分たちで自分たちの職場を変えるという自覚を促す」という，動機付け・士気高揚の手段としての役割もありますが，生産性向上などへの実質効果も決して小さくありません。例えば，90年代におけるトヨタ自動車での改善提案の数は，年間100万件オーダー（従業員約7万人）にのぼったといわれており，その累積効果は無視できません。

「提案制度」や「小集団活動」は，日本の工場に特徴的な制度として海外でもよく紹介されています。たしかにそれらは，日本の製造企業システムにおける継続的改善の重要な担い手です。しかし，こうした「作業者層」の取り組みもさることながら，上に見たような，改善活動における「現場管理層」の重要性も看過すべきではありません。

例えば，トヨタ自動車の競争優位の主因は，「提案制度」や「小集団活動」よりはむしろ，グループリーダー層の現場把握能力だったと言われます。特に，新製品の生産開始時のようないわゆる「非常時」では，特に作業長・班長・組長・職長・工長などと呼ばれる現場リーダー層の機動性が何よりも重要です。

ものづくりの現場からも,「QCサークルや提案制度は,いわば平時の改善手段であり,ニューモデル立ち上がりのような戦時にはそんなのんびりしたことはしていられない。班長・組長クラスの即断即決の意思決定と問題解決しかない」という声が聞かれます。

繰り返し作業の場合,作業方法の改善を通じた生産性向上の基礎となるデータは,標準時間とその構成内容です。標準時間は,いろいろな形で分解できますが,基本は,価値を生み出していない時間,ムダな時間,省略可能な時間の洗い出しです。

これは,IEで「稼働分析」と呼ばれるものです。ここで「稼働」とは,作業者であれば付加価値を生み出している作業(時間)のことであり,前述の「正味作業(時間)」のことにほかなりません。こうした時間の分析は,生産性の改善にとってきわめて重要です。標準時間に占める「稼働」の比率を高めることが,生産性向上に直結するからです。

標準的な「稼働分析」では,標準作業時間を細かく分類します。主作業,主体作業(正味作業),付随作業,準備・後始末作業,人的余裕,作業余裕,職場余裕などがあげられます。

これに対して,いわゆる「トヨタ生産方式」では,分類を簡略化し,「標準作業」を以下の3カテゴリーに分類しています(図4-11)。

図4-11 トヨタ生産方式は正味作業時間比率(情報転写時間比率)を重視

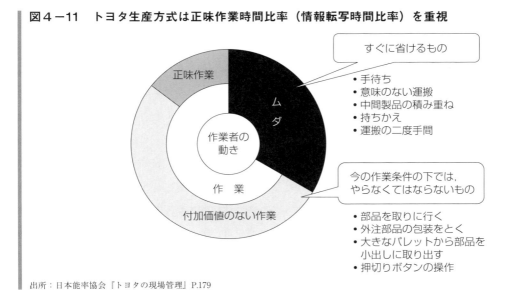

出所:日本能率協会『トヨタの現場管理』P.179

(1) 正味作業：付加価値を生み出す作業。上記の「主作業」と基本的には同じ。
(2) 付加価値を生まない作業：付加価値は生まないが，現在の作業条件ではやらなければならない作業。
(3) ムダ：付加価値を生まず，しかも工夫次第で省ける動作や時間。「手待ち」や「意味のない運搬」などが含まれます。

　このうち，「ムダ」をただちに徹底的に排除し，「付加価値を生まない作業（付随時間）」も徐々にできるだけ圧縮して，「正味作業時間」の比率を高めようと考えるのが，「トヨタ式」の作業改善・生産性向上活動の基本と言えるでしょう。「生産性向上の方策に直結する」という点で，この三分法は，単純でありながら理にかなっています。
　しかし，ムダを取っただけでは，「間延び」するおそれがあります。つまり，スピードの面でゆるみが生じる可能性があるのです。そのためトヨタでは，本人の承諾を得たうえで，「ストレッチ目標」として多めの作業量を与え，その状態からムダや残業を減らすにはどうすればよいのかを考えさせます。つまり，作業者に対してムダを削らなければならない必然性やニーズを作ったうえで改善に臨ませて，効率的なムダ取りにつなげるのです。
　ものづくりの世界では，大きな設備投資なしに生産性が数倍になることは珍しくありません。

　「JIT（ジャストインタイム）」は「トヨタ生産方式」の主要なサブシステムで，そのひとつの手段として最も世に知られているのが，いわゆる「かんばん」を生産・納入指示手段とする仕掛品在庫の削減のシステム（必要なものを，必要なときに，必要なだけ作る）と，それによる生産スループットタイムの短縮です。
　とはいえ，ジャストインタイムの本当のねらいは，在庫コストの削減や在庫スペースの節約よりは，むしろ「問題（ムダ）の顕在化」を通じて実現する生産性向上・品質向上・コストダウンなどの継続的改善だといわれています。例えば，大野耐一氏の一番弟子の一人といわれたダイハツ工業の田中通和元専務は，ジャストインタイムのねらいは，①初級者にとっては在庫コスト（金利）節約，②中級者にとっては生産問題の顕在化，③上級者にとっては，改善意識

の全社的徹底である，と述べています．

　それでは，なぜ仕掛品在庫の削減が，改善や生産性向上につながるのでしょうか？　それは，在庫削減によって，作業時間の中のムダが顕在化してくるからです．このムダを，IE等を通じてひとつずつ潰していけば，生産性はおのずと向上します．さらに，これを繰り返していれば，常に生産工程の問題を発見し解決しようとする，いわゆる改善意識が従業員全体に定着します．

　ジャストインタイムの真のねらいが，「問題の顕在化（見える化）」と「改善意識の定着（意識づけ）」にある，ということの意味はここにあります．

　新郷重夫氏は，ジャストインタイムをIE的立場から分析していますが，そこでは，生産システムを「工程」（情報の受信側）と「作業」（情報の発信側）の「網の目構造」とみなしたうえで，「工程の改善」を「作業の改善」に先行させるべきだと述べています．「工程の改善が作業上の問題をおのずと顕在化させる」という「ジャストインタイム」の発想です．

　要するに，かんばんなどジャストインタイムの仕掛けが，問題をいやおうなしに顕在化せしめ，いわば背水の陣ゆえに改善活動にドライブがかかり，小集団活動などの仕掛けがこれを支援して，生産性の不断の改善が起こる―こうして，JITが生産性の改善をもたらすと考えるのです．

　かんばん方式の特徴として，「現場の人たちが自分たちで在庫削減を行い，自分たちで改善活動を行うことができる」という点が挙げられます（MRP等の生産・在庫管理方法との違い）．これについては第5章の「納期と工程・在庫管理」の項であらためて説明します．

　「在庫削減と生産スループットタイム削減を通じたムダの顕在化」という，ジャストインタイムにおける問題発見のメカニズムを通じて，作業のムダが把握されたとして，次はこの問題をどう解決するかです．トヨタ的な生産方式では，その鍵は「多能工化」と「多工程持ち」そして「省人化」です．

　「多能工化」とは，個々の作業者が潜在的に多くの作業をこなせるようにすることです．例えば所属する班のメンバーが行っている作業すべてを一人前にこなすことができるようにする，などで，いわば，労働力をフレキシブル化し，技能の幅を広げることです（個人から見ると，能力の向上，成長です）．

　一方，「多工程持ち」「多作業持ち」は，実際に，あるサイクルで行っている作業の数を増やすことで，例えば，受け持ち機械の数を増やす，1サイクル内で組み付ける部品の数を増やす，などを指します．言うまでもなく，多能工化

図4-12 「省人化」の考え方（機械加工ラインの例）

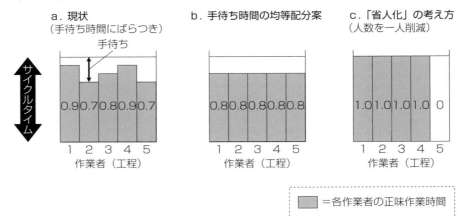

出所：門田安弘『トヨタシステム』（講談社）等を参考に藤本作成

が，多工程持ちの前提条件です（個人から見ると，局所的疲労からの開放です）。

こうした，作業者のスキルの幅を前提にして，「省人化」が，生産性向上の具体的案として示されます。「省人化」は，いわゆるトヨタ用語ですが，作業設計のフレキシブルな変更を通じて各作業者のムダを集めて1人分とし，これによって1人を生産ラインから「抜く」という考えかたです。

「少人化」については別途検討しますが，要するに，多能工への作業配分の幅を柔軟に変化させることで，1ラインの人数にも柔軟性を持たせ，生産性の大きな変化なしに数量の変動に対応する，という考え方で，「省人化」に対して「目なしの少人化」ともいわれています。

例えば，5人の機械加工ラインで，各人が平均20％のムダな作業をしていることがわかったとします。この場合，それぞれの20％のムダを排除し，集めて1人分とすれば，4人による作業が可能になり，ラインから1人抜ける（図4-12）。これが「省人化」です。

人を省くというと，「省く＝クビ」が連想されますが，削減された作業者がそれまでの熟練蓄積等を活かせるほかの職場に配置転換されるならば，この問題は少なくできるでしょう。しかし，生産量が不規則に変動する状況下では，「多能工化→多工程持ち→省人化」というルートによる生産性向上は，安定成長時代に比べればはるかに難しくなります。他社への出向・応援も必要となるでしょう。その意味でも，「数量変動に強い生産システム（少人化への取り組み）」の構築は，21世紀に持ち越された課題とも言えます。

アメリカで多能工が育たなかったのは，作業の種類ごとに賃金が決まっているため，他の作業への変更が難しいことが原因となっています。特に賃金の安い作業への変更は，工員の反発が大きく，多能工化が難しかったのです。

5　ものづくり現場におけるコストダウンの方向性

ものづくり現場におけるコストダウンのための取り組みにおいて，まず大局観として，コストを「生産性要因」と「単価（レート）要因」に分けることから始めると，少なくとも以下の4つの方向性が見えてきます。

(1) **生産性アップの基礎条件整備**：まず，生産性向上の具体策を考える前に，それを妨げる制度や組織風土を改善します。例えば以下のような点で生産性改善を促進する土壌を作ります。
- ムダの「見える化」
    ……工程の流れを作る（JIT，整流化，セル化），レイアウトの改善
- 改善を促進しない社内制度への対処
    ……作業改善・工程改善と社内会計制度の調整
- 改善を促進しない組織文化への対処
    ……立ち消え，日和見，たこつぼなど
- 改善を促進しない経営者スタイルへの対処
    ……経営者のものづくり意識改革
- 情報共有のためのITと組織能力の整備
    ……事務局，イントラネット，データベース

(2) **生産性アップの対策実施**：後述の要因分析の項であらためて説明します。

(3) **交渉・切替による賃金，材料単価，機械単価などの削減**：例えば以下のような方策が考えられます。
- 賃金交渉，部品・素材単価交渉
- 非正規従業員・請負などへの切り替え
- 汎用機械，汎用材料，汎用部品への切替

(4) **共同問題解決による資材・部品・設備メーカーの生産性アップ**
- 相手先の改善を行う組織能力・組織体制を自ら持つ（改善チーム）

- 相手先が共同問題解決に乗ってくるためのインセンティブ（誘因）を確保する

生産性向上によるコストダウンは，以下のようなタイプに分類できます。この分類によってコストダウンのヒントを探るのがひとつの方法です。

(1) **作業・機械の正味作業時間比率（＝正味作業/工数）アップ，すなわち転写密度のアップ**
 - 手待ちのムダとり……………………ラインバランス，多作業持ち，助け合い
 - 動作のムダとり………………………動作の合理化（動作経済）
 - 搬送・物流のムダとり………………二度手間
 - 段取替時間の圧縮・ゼロ化……外段取化，段取レス化，技術改良
 - 歩行時間，ワーク選択・取り出し，ワーク着脱，起動時間の圧縮
 - 設備可動率アップ（設備故障・チョコ停への対応時間の短縮）
 - 設備稼働率アップ（ライン当たりの生産量アップ，品種数アップ）

(2) **作業・機械の正味作業スピード（正味作業時間/個）アップ，すなわち転写速度のアップ**
 - 習熟曲線の利用………………………安定的な作業配分，動作の標準化
 - 新技術による転写速度アップ………切削速度（回転・送り），反応速度アップ
 - 新技術による作業の省略・統合……加工レス，仕上げレス，組立レス，検査レス

(3) **原材料生産性（歩留まり・原単位）のアップ**
 - 製品当たりの組み付け部品点数の低減・削除……VA/VE活動
 - 製品当たりの素材使用量の削減………………………材料取りの効率化，素形材の加工しろ
 - 工程内良品率アップ（品質作り込み，工程内検査，最終検査の充実）
 - 新技術による原単位（製品当たり材料・燃料使用量）の低減・削除

以上のような要因分析から遡って考えると，以下のような「兆候」がものづくり現場に見られるならば，それは，改善を要するといえます。診断者は，こうした「兆候のリスト」を各自で用意しましょう。

6 兆候のリスト

1. 生産性改善の基礎条件が整備されていない兆候
   - 作業改善・工程改善が会計的利益に反映されない（→原価計算制度のチェック）。
   - 生産性向上を尊ぶ組織文化・経営者哲学・評価制度・報酬制度が不備。改善に向けた従業員の意識付けができていない（→5S, 欠勤率, 改善提案件数チェック）。
   - キャッシュフローに貢献しない「見かけの生産性向上」（大ロット化, 作りだめ）が蔓延している。
   - ムダが「見える化」しにくい（付加価値のスムーズな「流れ」ができていない）。

2A. 作業者・機械の正味作業時間比率が低い兆候（ムダが多い兆候）
   - 作業中の手待ち時間が長い。
   - 無駄な動作が多い。
   - ラインバランスが悪い。
   - タクトが短すぎて手待ち発生。
   - 逆にタクトが長すぎて作業がもたつく。
   - 内段取時間が長い。
   - 工具の空転時間が長い。
   - 不要な工具・ワーク持ち替えが多い。
   - 設備故障が多く修理時間が長い。
   - チョコ停が多く対応時間が長い。

2B. 作業者・機械のスピードが不足している兆候
   - 競合他社に入っている作業迅速化・工程省略・自動化の新技術が未導入。
   - 作業者の習熟不足（離職率, 非正規従業員率が高い；作業配置が不安定）。
   - 作業訓練体制の未整備（指導員の不足, 訓練組織の未整備, 予算不足）。

2C. 原材料生産性が悪い兆候
- 競合他社に比べスクラップ量が多い，工程内不良率が高い，埋立廃棄物が多い。
- 分解調査した競合製品のほうが，部品点数や素材使用量が少ない。

3. 高い買い物をしている兆候
- 機械の価格が，機能に比べ高い（過剰設計・過剰機能設備）。
- 材料の価格が機能に比べ高い（過剰設計部品，設計共通化の不足）。
- 熟練者に単純作業を割り当てている（作業の高度化，作業者の非熟練者化）。

4. 部品・資材企業との共同問題解決ができていない兆候
- 当方の対サプライヤー改善能力が不足（人員不足，予算不足，組織体制不備）。
- サプライヤー側が共同問題解決に乗ってこない（認識不足，警戒，動機不足，人員不足）。

　これらは完全なリストではなく，あくまで例にすぎません。兆候，方策，効果の間を往復することで，ものづくりインストラクターは，自分なりのこうしたチェックリストを作ることができるでしょう。それが「定石」作りのスタートラインです。
　一例として，兆候発見シートの雛形を挙げておきます（図4-13）。このような兆候発見シートを作成し，「兆候」から要因分析と「改善」の方向づけを探ってみてください。

図4－13　兆候発見シート

兆候	Q・C・D	問題点及び要因	改善策・検討事項	効果予測	優先度

出所：藤本隆宏・東京大学「経営管理」その他の講義資料より作成。

Point

- 原価管理，原価改善，原価企画を連動させる。
- 従来の原価計算は粒度に問題があり，現場改善と相性が悪いところもある。
- 生産性は比較可能な形に修正を加える。
- 生産性の基本は，設計情報転写（発信側）の密度である。
- IEは生産性向上の手法である。
- 標準なくして改善なし……標準作業が改善の出発点である。
- ムダとは，設計情報転写が行われていない時間である。
- 正味作業時間（付加価値時間）は，設計情報転写の行われている時間である。
- ジャストインタイムによって，問題を顕在化させる。
- 多工程持ち，多能工化，省人化，少人化で生産性を向上させる。

多能工化が決め手

第5章 納期と工程・在庫管理

　「ものづくり」とは，①お客様を満足させる設計情報を創造し，②その設計情報を何らかの媒体に転写してお客様に発信することであり，③またそうした設計情報を担う媒体（人，設備，材料など）を管理・練成することです。以上の3つが，ものづくりマネジメントの3本柱であり，本書の3本柱でもあります。

　設計情報の創造・転写が競争力に結びつくかどうかは，それが効率的に，迅速に，正確に行われるかどうかで判断されます。設計情報の効率的な創造・転写が，生産性を高めコストを下げ（C），設計情報の迅速な創造・転写は，リードタイムを短縮化して（D），設計情報の正確な創造・転写は，品質を高めます（Q）。これに加えて，環境に変化があっても，以上のQCDを安定的に達成するのがフレキシビリティ（柔軟性；F）です。設計情報の創造・転写の良し悪しは，以上のQCDFで評価します。

　この章では，QCDの第2の柱である**納期（D）**とその背後にある**生産数量・生産期間（T）**，そしてそれらの管理・改善，すなわち**工程管理・在庫管理**について見ていきます。まず生産計画・生産統制について，次に在庫管理について，基礎的な概念を説明しましょう。

　なお，納期（D）の背後にリードタイム（T）があります。日産自動車ではQCTと言っています。裏の競争力という意味ではQCTの方がQCDより正確な言い方かもしれません。

1　納期

(1)　見込み生産（stock production）

　顧客が店頭で「今すぐ買いたい」と考えるような製品は，「見込み生産」されます。つまり，最終製品の在庫を一定量だけ店に置いてもらい，顧客はそこ

から選んで製品を買っていきます。顧客の注文に対しては製品在庫で対応し，メーカーは直接顧客の注文に応えるのではなく，在庫を補充する形で生産を行います。発注に先立って生産が行われるのであって，「納期」とメーカーの「生産期間」は連動していません。むしろ，最終製品在庫をどこにどれだけ持つかといった，流通段階のマネジメントが納期に影響します。

(2) 受注生産（order production）

これに対して「受注生産」は，顧客の発注があってから生産を開始し，指定された期日に納入するものです。

もっとも，受注生産といっても，原料・部品のある段階までは見込み生産しておくわけで，純粋な受注生産というものはほとんど存在しません。ある工程までは規格化した部品・中間製品を見込み生産しておき，顧客の多様な注文にはそれらの部品を組み合わせて対応する場合，その工程を受注引当ポイント（デカップリングポイント）といいます。このポイントをどこに設定し，どの段階まで見込み生産しておくかが，ひとつの重要な意思決定となります。

受注生産の場合，発注の際あらかじめ「見込み設計」した製品の品番を指定してもらい，それを作る「**規格品受注生産**」（見込み設計・受注生産）と，さらに，受注してから客先のニーズに合わせて特別に「受注設計」したものを生産する「**特注生産**」（受注設計・受注生産）に分かれます。前者には，規格化された部品を組み合わせて個別の顧客の注文に応える方式（「マスカスタマイゼーション」とも呼ばれる）も含まれます。

例えば，洋服のイージーオーダーは，簡易化した特注生産，オートクチュールは，本格的な特注生産と言えます。住宅の例でみれば，建て売り住宅は見込み生産，プレハブ住宅は簡易化された特注生産，在来工法の新規設計住宅は本格的な特注生産と言えるでしょう。

見込み生産の場合は，開発・生産リードタイムは納期と無関係です。規格品受注生産の場合は，納期は生産期間のみが含まれ，設計・開発期間は含まれないので，これは別途管理されます。特注生産の場合，納期＝納入期間に設計・開発期間と調達・生産期間の両方が含まれ，この2つが一元的に管理されなければなりません。以上それぞれ，開発・調達・生産・販売サイクルの中で発注される時点が異なり，そのため納入期間に含まれる活動領域が異なって，納期

管理のパターンも異なります（図5－1）。

(1)　　　「見込み生産」では，設計→調達→生産→受注→納品の順
(2)－①　「規格品受注生産」では，設計→受注→調達→生産→納品の順
　　－②　「特注生産」では，受注→設計→調達→生産→納品の順

図5－1　見込み生産と受注生産

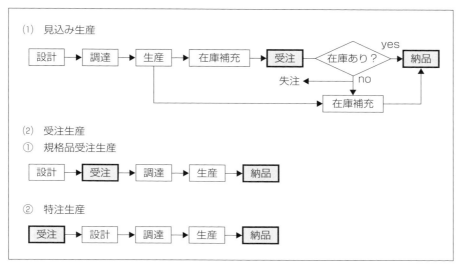

出所：藤本隆宏・東京大学「経営管理」その他の講義資料より作成。

(3)　納期・生産量・受注残

「納期」と「生産量」は，「製品在庫」あるいは「受注残」（顧客から注文を受けたがまだ顧客に納入していない分の数量）を介して互いにつながっています。納期に関する意思決定と生産量に関する意思決定は一体不可分であり，これらは同時に管理されなければなりません。

この点をはっきりさせるために，横軸に時間経過，縦軸にある製品の累積の生産量・受注量・納品量の3つをとったグラフを見てみましょう。図5－2は，見込み生産と受注生産の典型的な流動数曲線です。このように累積量の経時変化を見るグラフを「**流動数曲線**」といいます。

これをみれば，見込み生産では在庫と品切れ，注文生産では受注残と納期が問題になることが一目でわかります。

「見込み生産」の場合は（品切れの場合を除いて）受注≒納品ですから，累積受注量曲線≒累積納品量曲線であり，生産は受注に先行するので累積生産量曲線は累積受注量曲線の上に現れ，累積生産量と累積納品量の縦軸方向の差が

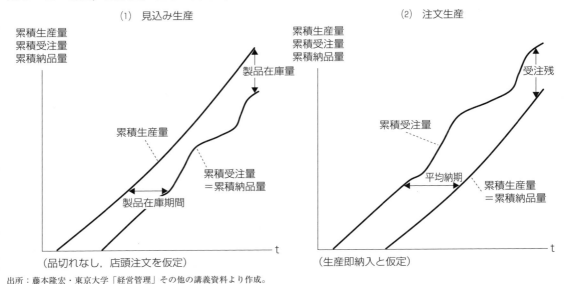

図5-2 納期，生産量，在庫の関係（流動数曲線）

出所：藤本隆宏・東京大学「経営管理」その他の講義資料より作成。

最終製品の**在庫量**となります。したがって，在庫コストや品切れコストを勘案したうえで製品在庫水準が決まれば，納品スケジュールと生産スケジュールは同時に決まります。

「受注生産」の場合は，大雑把にいって（物流期間などを除けば）生産完了≒納品であり，一方，受注が生産に先立っていますので，累積受注量曲線が累積納品量曲線の上にきます。その垂直方向の差は**受注残**であり，受注順に納入するなら，水平方向の差が**納期**にほかなりません。この場合も，顧客の許容する受注残ないし納期の水準が決まれば，それを介して，納品スケジュールと生産スケジュールが同時決定されます。このように，納期管理と生産量管理は一体不可分と言えます。

受注生産の場合，受注残は納期延長につながり，顧客にとっては望ましくないことが多いのですが，工場側からすると，一定量の受注残を抱えておくことは安定操業につながるので望ましいと言えます。特に設備投資負担が大きい，あるいは需要の変動や不確実性が大きい製品の場合（例えば造船業），メーカーはある程度の受注残を持とうとする傾向があります。しかし受注残が多過ぎる（納期が長過ぎる）と，商機を逃す可能性もあります。また，価格変動の激しい製品，例えば造船業では，過去の安値の頃の受注品に追われてとても忙しいのに，赤字受注となってしまった事例すら見られました。バランスをとることが必要でしょう。

2 工程管理

(1) 工程管理の概念と内容

　生産管理論では「納期と生産量を管理すること」を「納期管理」とはいわず，「工程管理」というのが慣例です（現場では納期管理という言葉が日常的に使われていますが，体系的な理論はついていません）。つまり「工程管理」とは，主に納期と数量の面から，生産活動を計画・統制することを指します。

　工程管理の焦点も，見込み生産か受注生産かで異なります。

　受注生産の場合，納期とくに生産期間の短縮化が顧客満足に直結するのでこれが管理のポイントになりますが，製品在庫は問題になりません。客先からの受注のあとに生産が始まるので，需要予測も見込み生産に比べれば重要度は低いと言えます。

　見込み生産の場合は，後述の「在庫管理」がポイントになります。とはいえ，見込み生産の生産計画は需要予測を前提としており，生産期間が短ければその精度も上がるので，生産期間（スループットタイム）の短縮も重要です。

　この章では，工程管理の基礎を説明することに重点を置き，主に生産計画の側面，特にアウトプットの所要量計画である「日程計画」，およびインプットの所要量計画である「材料計画」「工数計画」に焦点を当てていくことにします。

(2) 生産計画（production planning）

　工程管理は，「生産管理」と「生産統制」からなります。

　生産計画には，アウトプットの計画である日程計画（製品別の生産完了日時・時刻の予定表），プロセスの計画である手順計画（工程計画・工程設計のこと。作業の順序や加工方法，ロットサイズなどの決定）や工数計画（loading；作業員または設備の人的・設備的負荷と生産能力のバランス確保），そしてインプットの計画である材料計画（material planning；生産に必要な材料・購入部品・外注品などの必要量・納入期日・発注量・在庫量などの決定），設備計画（設備，治工具の調達方法の計画），人員計画（人員の配置・補充など）が含まれます。

　このうち，最も基本となるのは，日程計画，つまり生産の完了に関するスケ

ジュールです。各工程のインプットの所要量と投入タイミングを決める工数計画・材料計画などが，これに連動して決められます。

(3) 日程計画（アウトプットの計画）

アウトプット（産出）側の計画である日程計画を説明しましょう。日程計画は，受注生産と見込み生産の場合でやや異なりますが，ここでは見込み生産のケースに話を絞ります。

見込み生産の場合，全体，および品種別の需要予測が生産計画の基礎となります。需要予測の手法については省略しますが，いずれにしても需要予測は外れる傾向があるので，これを日程計画に展開する過程で，できる限り計画の逐次修正を行う必要があります。

見込み生産品の場合は，こうした需要予測をもとに多段階的に日程計画を立てていくのが原則です。品種的にはより細かく，部門的にはより狭く，期間的にはより近い将来の日程計画を，段階的に立てていきます。

日本では「大日程計画」「中日程計画」「小日程計画」の３段階で考えることが多く，アメリカの生産管理論で説明される①全般的生産計画（aggregate production planning）は「大日程計画」，②基準生産計画（master production schedule）は「中日程計画」，③スケジューリング（scheduling）は「小日程計画」に，それぞれ対応していると言ってよいでしょう。実際には日米２つの計画系列には微妙なずれがありますが，本書では単純化のためこれらをほぼ同列のものとみなします。

(1) 大日程計画（全般的生産計画：aggregate production planning）

全般的生産計画は，工場全体を対象として，主な製品カテゴリー別に，すべての品種を集計した生産予定量を月単位か週単位で示します。計画期間（horizon）は通常半年から１年半くらいが多くみられます。カテゴリー別の需要予測を所与として，各期の生産量と在庫量を決めます。また，工数計画として，全体の所要労働力のレベルも同時に決めます。

全般的生産計画は，解析的に策定する方法も開発されていますが，実際に多くの企業が用いてきたのは，前述の流動数曲線（累積生産量と累積予測販売量を縦軸，計画期間を横軸とする）のチャートを使った，視覚的な試行錯誤（カットアンドトライ法）であったようです。ここでは，生産・受注・納品量を累積

量でとることがミソで，これによって製品在庫量（あるいはその逆の受注残，品切れ）が両曲線の差としてシンプルに描けます（図5－3）。

図5－3　大日程計画（全般的生産計画）

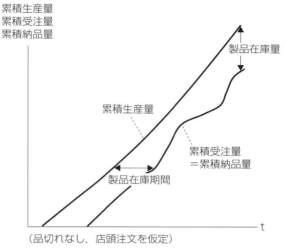

出所：藤本隆宏・東京大学「経営管理」その他の講義資料より作成。

基本的な方針としては，
① 需要の変動を追いかけて生産量を小刻みに変動させる。
② 生産量を一定期間にわたって平準化（安定化）させ，需要とのギャップを在庫や受注残（あるいは品切れ）で吸収する。
に分かれます。

どちらを選択するかによって，採用費，レイオフ費，残業代，在庫費用，品切れの逸失利益などの発生の仕方が異なるので，それらを比較して，最も有利な方策を選びます。

例えば，図5－4のように需要予測量に変動がある場合，生産量，在庫量，雇用量に関する方針の組み合わせで，少なくとも次の6つの基本的アプローチが考えられます。

①－1　需要変動に小刻みに対応して生産量を変更し，在庫は低位安定とする。負荷変動は労働者の採用・レイオフで吸収する。

①－2　同じく需要変動を追って生産量を変更し，負荷変動に残業・早退で対応する。

図5-4　大日程計画（全般的生産計画）の作成(1)

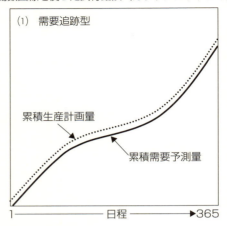

出所：藤本隆宏・東京大学「経営管理」その他の講義資料より作成。

② 生産量と雇用量は期中を通じて安定させ，累積生産を常に累積販売より多く保ち，在庫変動で需要変動を吸収する（図5-5）。

　例を挙げるとユニクロは中国で生産して，在庫が残っても利益を出すことが可能なビジネスモデルであるのに対して，ワールドは日本国内で生産しながら，こまめな生産によって在庫を抑えています。そのため，人件費が高くても利益を出すことが可能になっています。

図5-5　大日程計画（全般的生産計画）の作成(2)

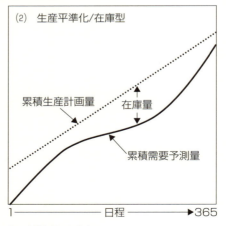

出所：藤本隆宏・東京大学「経営管理」その他の講義資料より作成。

③-1　生産量と雇用量は期中を通じて安定させるが，累積生産量は需要量以下に抑え，不足分は受注残で吸収するか，あるいは品切れによる販売機会逸失を覚悟する（図5-6）。

　　いわゆる売り切れご免のビジネスモデルです。

③-2　生産量・雇用量とも安定させるが，累積生産量は累積需要以下に抑え，不足分は完成品下請けで吸収する。

④　生産量・雇用量ともに安定させるが，上記諸タイプの混合型とし，あるときは在庫で吸収し，あるときは品切れ・受注残で対応する（図5-7）。

図5-6　大日程計画（全般的生産計画）の作成(3)

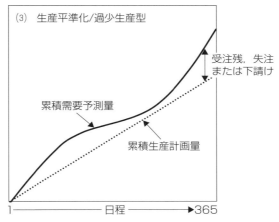

出所：藤本隆宏・東京大学「経営管理」その他の講義資料より作成。

図5-7　大日程計画（全般的生産計画）の作成(4)

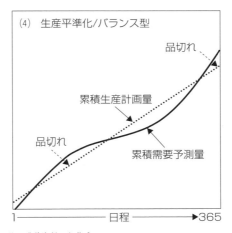

出所：藤本隆宏・東京大学「経営管理」その他の講義資料より作成。

仮に品切れの機会費用（限界利益：G）と売れ残り費用（在庫費用，在庫評価損など：L）がわかっており，また，生産者が，何個作ったら売れ残る確率は何％か，ということに関して主観的に予想をたてられるのであれば，いわゆる「クリティカルフラクタイル法」を用いて，売れ残りの主観確率＝$p=G/(G+L)$ となる点に生産計画量を設定すべし，という考え方もあります（図5－8）。

図5－8　クリティカルフラクタイル法：限界利益

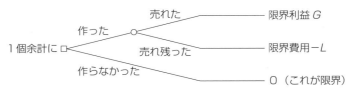

$(1-p)G+p(-1)=0$ が分岐点
$G-pG-pL=0 \quad \therefore G=p(G+L) \quad \therefore p=\dfrac{G}{G+L}$

出所：藤本隆宏・東京大学「経営管理」その他の講義資料より作成。

(2) 中日程計画（基準生産計画：master production schedule）

　基準生産計画は，中日程計画，月次生産計画などとも呼ばれるものに，おおまかに対応すると考えられます。

　全般的生産計画（大日程計画）を品目別に落とし込み，それぞれの品目の数量と生産完了予定時期を1日から1週間（あるいは旬）単位で特定化したもので，計画の対象となる期間は1か月から3か月ぐらいになります。後述の資材所要量計画（MRP）や工数計画（生産能力チェック）の基本になる重要な日程計画です。

　品目別の基準生産計画の場合も，集計レベルの全般的生産計画と同様に，流動数グラフ（品目別に用意）や表計算ソフトなどを使ってカットアンドトライ（試行錯誤）で計画を作るのが一般的でしたが，近年は，コンピュータの処理能力向上や情報技術の発達に伴って，頻繁に計画修正結果のシミュレーションができる先進的な生産計画ソフト（例えばAPS：advanced planning and scheduling）も登場してきています。

(3) 小日程計画（スケジューリング：scheduling）

　各作業者・機械単位で，どの工程がどの製品（あるいは製品ロット）をいつ

加工するかを具体的に指定した，詳細な生産直前のアウトプット計画です。一般に，作業の着手・完了時刻を明確に指示した計画，つまり，そのまま現場へ向けた作業割当・作業指示（差立〔サシダテ〕）となりうる細かい計画を「スケジューリング」といい，小日程計画がスケジューリングにほぼ対応します。実際，生産管理部門から生産現場に送られるスケジューリングが，そのまま生産指示（差立）になっている企業もあります。

スケジューリング（小日程計画）は，通常，計画期間が1日から10日程度の非常に短期の計画です。個別作業者・機械のレベルへあてた作業割当の計画を，日単位から時刻単位，30分単位，あるいはさらに細かく行います。計画単位の細かさは，生産のサイクルタイムやロットサイズによって異なると考えればよいでしょう。例えば，郵便局では15分単位で測定しています。

あるいは，1つひとつ品種の異なる製品が混流（ロットサイズ＝1）かつ短サイクルタイムで流れる自動車の量産組立ラインにおいて，個々のボディの着工順序をサイクルタイム単位で計画することを「組立着工順序計画」（final assembly schedule）といいますが，その計画単位はサイクルタイムそのもの（多くの場合1分から数分）です。

(4) トヨタ自動車の生産計画

ジャストインタイム企業として知られるトヨタ自動車の生産計画は，次の4段階の相互調整・計画修正を経て徐々に計画精度を上げていきます。この計画調整のシステムを「オーダーエントリーシステム」と呼ぶこともあります。前述の一般的な日程計画に比べると，需要予測・受注情報と日程計画との調整がより多段階できめ細かく，また販売・生産間の調整がある程度双方向的であることが特徴といえます。

① **年間生産計画**：計画対象期間（horizon）1年。計画単位1か月。モデル別。前述の「全般的生産計画」におおまかに対応しています。自動車メーカーの行う年間需要予測を基礎とします。

② **月次生産計画**：計画対象期間3か月（生産月の1〜3か月前）。計画単位1か月〜1日。大分類の仕様（ボディ，エンジン，トランスミッション，グレードのタイプ）別。前月の月次生産計画は，前述の「基準生産計画」にほぼ対応します。ディーラー（販売店）が行う3か月需要予測を基礎としています。

③ **旬間生産計画**：計画対象期間7～10日。計画単位1日。最終仕様別（オプションや色も指定した詳細なバリエーション）。販売店からの旬間オーダー（最終仕様レベルでの車両発注）を集計します。

④ **組立順序計画**：計画期間2日（生産日の2日前に確定）。個々の車体ごとに溶接ラインでの着工順序を個別に指示する，という意味で，計画単位はサイクルタイム（典型的には1分～数分）そのものとみなすことができます。最終仕様別（最も細かい分類）。販売店からの最終的なオーダー変更（デイリー変更）を加味します。

このように，トヨタに典型的に見られる「オーダーエントリーシステム」は，より早い段階から日程計画を詰めながらも，多段階で日程計画の精度アップを行い，販売店の販売計画とメーカーの生産計画の相互調整をきめ細かく行って，販売店の受注変更をできるかぎりぎりぎりのタイミングまで受け付け，販売量と生産量のギャップ最小化を図っています。

なお，ホンダではやり方が少し違っていて，ロット組立方式で生産しています。

(5) 材料計画（インプットの計画）

ここまではアウトプットに関する日程計画を見てきましたが，それは，工程内部やインプット側の計画や指示にどう翻訳されるのでしょうか。ここでは，アウトプット日程計画とインプット調達計画・指示をシステマティックにリンクさせる仕組みとして，いわゆるMRP（material requirement planning：資材所要量計画）の基本ロジックを説明しましょう（図5-9）。

MRPとは，品種別のアウトプット計画である「マスタープロダクションスケジュール」（既述の「基準生産計画」）を起点として，一連の計算プロセスを経て，上流工程の各段階で必要な材料の品種，所要量，所要時点を割り出し，生産指示や資材発注指示を現場に与えるシステムです。

MRPは，コンピュータによる集中型データ処理を前提としており，当初は主にアメリカで発達してきました。その問題点や限界を指摘する声も少なくなかったのですが，それでも80～90年代のアメリカ製造企業では，相当に普及していたようです。

複数部品からなるアセンブリー製品の場合の，MRPの基本計算手続を見てみましょう。

5 納期と工程・在庫管理

図5－9　MRP（Material Requirement Planning）の計算体系

MRPは，中日程計画（master schedule）をインプットとし，構成部品表（bill of materials）を多ステージ生産工程の全ステップに対して製造指示を行うための情報を作り出す。

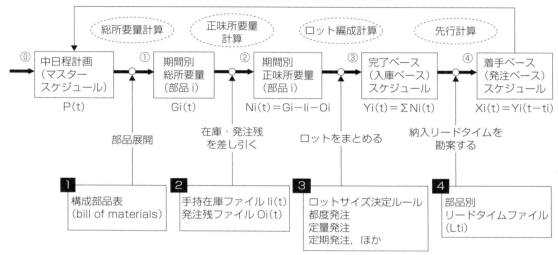

出所：藤本隆宏・東京大学「経営管理」その他の講義資料より作成。

① **総所要量計算（gross requirements）**：まず，マスタープロダクションスケジュールを，構成部品表（bill of materials）を介して部品に展開し，各工程の各期間における資材総所要量（社内の前工程からの調達量あるいは社外調達量）を計算します。ここでいう総所要量とは，新規調達，手持ち在庫からの調達を問わず，とにかく当期の生産に必要な部品の量になります。

② **正味所要量計算（net requirements）**：期間別の総所要量から，中間工程ならば仕掛品の手持ち在庫数（前期末在庫数）と製造仕掛り数（すでに生産指示済みのもののうち，当期完了見込み数）を引き，また入り口の工程ならば原材料手持ち在庫と発注残数（すでに発注済みのもののうち，完了見込み数）を差し引いて，資材正味所要量を算出します。この数字がマイナスならば，それは期末在庫の数にほかなりません。正負を引っくり返して言うならば，「前期末在庫数＋指示済みオーダー数－当期総所要量」がプラスならば「期末在庫」として計上し，マイナスならばそれが「正味所要量」となります。

③ **ロット編成計算（lot-sizing）**：次に，発注方針（ルール）を決めることで，正味所要量を完了日程オーダー（完了ベースの発注ロット）に変

換します。例えば，都度発注（as-required）の場合は，正味所要量＝発注量となるのでこのステップは不要だけれど，定期発注あるいは定量発注を発注方針とするならば，そのルールに従って，正味所要量を当期の完了日程オーダーに読み替えねばなりません。これを「ロット編成計算」といいます。

④ **先行計算（lead time offset）**：最後に，前工程の生産リードタイムの分だけ期間をさかのぼることで，完了ベースの計画オーダーを，着手ベース（あるいは，注文書発行ベース）の計画オーダーに翻訳します。着手期限が近づくと，計画オーダーは確定オーダーに切り替わり，そのうち未発注のものには，警告としての「勧告オーダー」が出されます。

● **数値例（自動車のランプの所要量計画）**

ある自動車用ランプメーカーB社が，自動車メーカーA社の新型モデル向けのヘッドランプの全量を生産するとしましょう。このモデル1台当たり2個のヘッドランプが使われます。

A社はMRP方式で発注計画を立てており，その基準生産計画によれば，新型モデルの計画生産台数は，2016年12月が5,000，2017年1月が6,000，2月が4,000と決まっているものとします。タイムバケット（time bucket）は1か月です。

また2016年12月末現在，A社が保有している当該ランプの在庫は13,000個で，発注残はないものとします。発注は定期で，納入リードタイムは約1か月。毎月1回，第1営業日にA社が注文を出し，月末にB社がその分のランプを納入するものとします。

上の情報のみに基づくMRP計算をまとめれば，表5－1のとおりです。

MRPは，基準生産計画を出発点として，工程に沿ったモノのフローとストックをシミュレーションし，これに基づいて，材料である各部品の発注所要量とそのタイミングを算出します。ロジックとしては完璧です。すべてのデータが正確で，計画どおりの発注や生産着手指示が行われるならば，すべての部品の納入が計画どおりに実現するはずです。しかし問題は，この仮定が現実にはなかなか成立しないことです。MRPの問題点として，主に次の5つが挙げられます。

表5－1　MRP計算の数値例

	2000年12月	2001年1月	2001年2月
マスタースケジュール	<u>5,000台</u>	<u>6,000台</u>	<u>4,000台</u>
ランプ総所要量	10,000個	12,000個	8,000個
指示済オーダー数	<u>0個</u>	0個	0個
期末の在庫	<u>13,000個</u>	1,000個	0個
ランプ純所要量	不明	0個	7,000個
発注計画量	0個	7,000個	不明

注：下線は既知のデータを示す。

出所：藤本隆宏・東京大学「経営管理」その他の講義資料より作成。

① **現実と計画の乖離に対する対応力不足**：従来のMRPは、基準生産計画どおりに生産が行われていれば問題がないのですが、何らかの理由で実際の生産が計画からずれたときに、オーダーの軌道修正を行うメカニズムが内蔵されていません。同様に、実際のリードタイムが計画からずれた場合、あるいは部品在庫ファイルが現実の在庫量からずれた場合にも、これに対する対応力が弱点でした。

② **MRP計算時間の長さ**：コンピュータの処理能力の限界から、MRP計算には非常に長い時間がかかりました。しかしその後、計算時間は飛躍的に（数十秒へ）短縮しています。

③ **能力・負荷分析の欠如**：当初のMRPでは、生産能力は無限にあると仮定されており、したがって生産能力の不足（ボトルネック）やダウンタイムに対する備えが問題点でした。これに対して、MRPの発展型は、能力・負荷分析の機能を付け加えています。

④ **改善への動機付けの欠如**：MRPは、リードタイム、在庫などの水準を所与のものとして固定化する傾向があり、これらの改善を促進するモチベーションが内蔵されていません。むしろ、担当者がリードタイムを長めに設定する傾向さえありました。

⑤ **経済性の問題**：初期のMRPシステムは、導入コストが高い傾向がありました。その後のネットワーク分散処理化によって、この点はかなり改善されてきているようです。

これらの弱点が，ERPなど，近年の「後継システム」においてどこまで克服されているのかを，私たちは常に見守る必要があります。

　製品・部品の一個一個に「背番号」をつけて管理する生産管理手法を，「SNS（シーケンスナンバーシステム）」といいます。自動車であれば，一台一台の車体番号（1，2，3，…）と，それに取り付ける一個取りの部品（例えばエンジン）の番号（1，2，3，…）を1対1に対応させ，その順番に沿って生産ラインに流します。生産される製品と部品一つひとつに「背番号」（シーケンスナンバー）がつき，どの部品がどの製品につくかが個別に把握されます。つまり，製品ごとに部品がひもづけられているわけです。

　SNSでは，在庫も一種の「生産ライン」として流れているものだと考えます。「ストック＝在庫」の概念がないので，MRPのように在庫量の実績と発注計画をリンクさせる必要がありません。

　製品の生産順序に合わせた順番で，サプライヤーや自社部品工場や倉庫から部品を納入させる「順序納入」も，一種の「ひもつき」システムです。納入リードタイムが短ければ，組立の順序と同じ順序で部品を生産する「順序生産」も可能になります。つまり，組立工場と部品工場が見えないコンベアでつながったような形です。品種間の共通化が難しく，かさばる部品の場合にこの方式が採用されやすい傾向があります（例えば自動車用シート）。

　日本の製造企業の間には，伝統的に「製番方式」という工程管理システムが広く存在してきました。これは，個々の製品やそれをまとめた生産ロットに「製番（製造番号）」という背番号をつけて，製番ごとに「ひもつき」で部品納入指示・製造指示・進捗管理・原価計算などを行うというものです。元来は個別受注生産に適した方式ですが，日本では量産・見込み生産も含めて広く普及しました。

　「SNS」「順序納入」「製番方式」は，個別の製品やロットごとに「ひもつき」できめ細かい資材発注を行う点で共通しています。今日，再評価されるべき特徴もあります。

(6) 工数計画と能力・負荷分析（CRPとMRP-II）

　日程計画や資材所要量計画が適切に策定・実行されたとしても，個別工程にかかる負荷に対する十分な生産能力が備わっていなければ，納期は守れません。しかし反対に，負荷に対して過大な生産能力を持てば，それはそれで生産性の

5 納期と工程・在庫管理

低下，コスト高につながります。したがって，適切な生産能力計画（工数計画），つまり能力と負荷のバランスとりは，納期達成とコストダウンを同時追求する際の重要な前提条件になります。

なお，能力と負荷の差は，余力といわれます。能力・負荷・余力は，機械と作業者それぞれについて計算できます。

各工程の生産能力を積み上げて能力と付加の状況を把握しましょう（図5－10）。

能力に対して，山積みした負荷のギャップが大きいときには，短期的・長期

図5－10　工数山積表（加工工程の数値例）

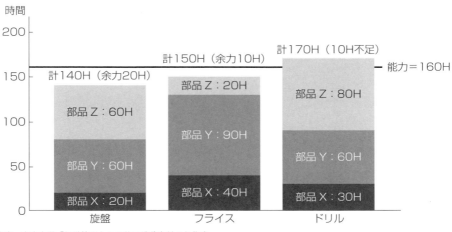

出所：藤本隆宏・東京大学「経営管理」その他の講義資料より作成。

109

的な是正措置をとることになります。特に，能力が不足するときはそうです。MRPに接続されるコンピュータ上の工数計画システムとして考えられたのがCRP（capacity requirement planning）で，いわば山積み計画のコンピュータ版です。

CRPとMRPをコンピュータで自動接続したものを「クローズドループMRP」，さらにその発展形を「MRP-II」といいます。以下，ごく簡単に説明しましょう。

MRP-IIは，ERPと呼ばれるものと，ほぼ同じと言えます。

従来のMRPにCRPを接続し，資材所要量計画と工数計画を一体化して，さらに現場からのフィードバックを織り込んだシステムが「クローズドループMRP」です（図5－11）。MRPとCRPが連結したことで，生産能力を勘案した計画の実現可能性が検討できるようになっており，フィードバックループができています。ただし，MRPとCRPが互いに逐次決定になっているので，双方の計画修正が影響し合ってなかなか収束しない，という潜在的弱点が残っています。

これに対して，資材所要量計画・能力計画・日程計画を，いわば同時決定的に策定するという改善案も提案されており，この機能を織り込んだ計画ソフト（APS）も提案されています。

図5－11　クローズドループMRP

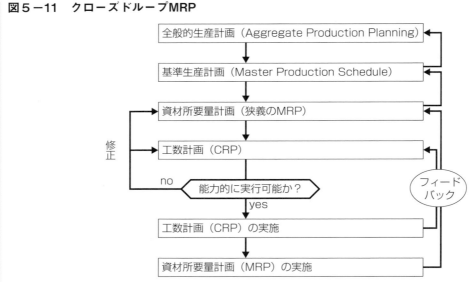

出所：Richard B. Chase, Nicholas J. Aquilano, F. Robert Jacobs (1998). Production and Operations Management

さらに，この「クローズドループMRP」に，その他のインプットに関する生産計画（要員計画や資金計画）が連動するようにした計画システムを「MRP-II」といいます。この Manufacturing Resource Planning というネーミングは，「製造活動に必要なすべての資源の所要量を総合的に計画しよう」という意図に由来しています。

その発展形が，いわゆる「ERP」（Enterprise Resource Planning）という概念です。

(7) 生産統制

生産計画に基づいて，実施段階（生産命令による生産活動の期間中）における計画どおりの活動を保証することを「**生産統制**」といいます。

生産統制には，生産指示（＝手配。生産計画の現場への伝達・命令），作業割当指示（＝差立。作業開始に伴う現場管理者から現場作業者への作業割当・作業指示），作業指導（作業のやり方に関する現場での指示），作業準備（材料，治工具，図面，マニュアルなどを現場に配備すること）などが含まれます。

以上は作業が開始される時点までの生産統制です。これに加えて，作業開始後における計画と実績の乖離の発見・原因追及・是正活動，すなわち**作業統制**も生産統制に含まれます。

作業統制は，生産計画側の日程計画・工数計画・材料計画に基本的に対応しており，アウトプットのコントロールである**進度管理**（日程計画を守るために，進捗状況と日程表を累積進度グラフやガントチャートなどを用いて比較し，遅延対策をとること），作業量のコントロールである**余力管理**（実際の手持ち仕事量と工数計画などを比較し是正対策をとること），材料のコントロールである**現品管理**（原料・仕掛品の数量と所在を把握し，計画と比較して是正対策をとること）からなります。さらに**資料管理**（生産実績資料の収集と統計分析）など，作業完了後の事後処理も生産統制に含まれます。

以下にトヨタの組立工場における生産統制をご紹介しましょう。

① **手配**：組立順序計画は，トヨタ自動車では組立完了（ラインオフ）の2日前に組立工場に通知されます。これは実質的には，溶接工程の先頭であるボディ製作の着工順序計画となります。
② **作業指示**：各工程の作業者へのリアルタイムの作業指示には，大きく分

けて2つあります。第1に，生産ラインを流れる車体そのものが作業指示の情報を運びます。例えばボディに貼り付けた作業指示の「貼紙」か，ボディにつけた「バーコード」や「IDタグ」です。第2に，組立順序情報を各工程にオンラインで伝達します。

③ **進捗管理**：各工程のその日の累積計画台数と累積実績台数が，「アンドン」（電光掲示板）にリアルタイムで表示されます。実際の車両組立順序や組立時刻は，ラインストップや不良発生によって計画から乖離しますが，ダウンタイムの低減，故障復旧時間の短縮，手直しの低減と迅速化，ボディ在庫の有効利用などによって，計画と実績を近づけます。

④ **余力管理**：ライン上で重装備車が何台も続くと，作業者は1台ごとに自分の持ち場から下流に流され，持ち場に復帰できなくなります（作業遅れ）。こうした場合，流された作業者や現場リーダーが組立ラインを止めることができます。一種の余力調整といえるでしょう。

⑤ **現品管理**：後述する「かんばんシステム」が，収容数が規格化された部品箱を用いており，さらに「かんばん」が部品箱に対応しているため，部品の現品管理が容易になっています。また，リアルタイムのコンピュータ利用，「5S」，「目で見る管理」などによって，現品管理の精度を上げています。

ファッション業界で，生産統制によるビジネスモデルの違いが見られます。例えば，ユニクロは期首に全シーズン分をオーダーし，売り切る戦略をとるのに対し，ワールドは期中追加オーダーで変動対応生産をしています。

3　在庫管理

(1) 生産期間の短縮と在庫管理

ここまで，納期・数量を管理するための工程管理，特に生産計画と生産統制について説明しました。次に納期の短縮，特にそのうち生産部門が受け持つ生産期間の短縮，およびその鍵を握る**在庫管理**について説明します。

生産期間短縮の効果は，受注生産の場合と見込み生産の場合では異なります。受注生産の場合，生産期間は納期の重要な構成要素であり，生産期間短縮は直

接納期短縮に貢献します。見込み生産の場合，生産期間の短縮は，より正確な需要予測を可能にするので，品切れの防止や適切なタイミング・数量の在庫補充を通じて，顧客満足度のアップに貢献します。モデル末期の残存在庫率にも影響します。売り切れご免の商法も一つの方法でしょう。また，いずれの場合も，生産期間の短縮は，在庫金利負担の軽減を通じてコストダウンに貢献します。

さらに，生産期間の短縮は，生産上のムダや品質問題の顕在化を促進し，これに対する改善活動を通じた生産性向上，品質向上につなげるという，重要な二次効果があります。

単一工場にとって生産期間とは，ある材料が購入されてから製品として出荷されるまでの期間のことです。多部品製品で工程がツリーの形になっている場合は，最も生産期間の長い連鎖（通常はメインライン）を想定します。いわば川の本流と支流のようなものです（本流が一番長い）。

工場内におけるある特定の製品の生産期間は，そのために購入された材料が，設備・金型・NCデータ・作業者の熟練・作業標準などの形で工程内にストックされた製品設計情報を「受信」あるいは「吸収」することによって，製品へと変化するのに要する期間のことです。

生産期間は，①材料が工程にストックされた製品設計情報を受信している時間（付加価値を吸収している時間）と，②製品設計情報を受信していない時間（付加価値を吸収していない時間）に分けられます。付加価値を吸収していない時間は，多くの場合，材料・仕掛品が在庫となって寝ている時間です。

したがって，生産期間を短縮する方法としては，①情報の受信そのもの（正味作業）をスピードアップすることと，②情報を受信していない時間（在庫時間・停滞時間）を減らすことの2つに尽きます。

しかしながら，実際に生産期間のほとんどを占めるのは，非受信時間，つまり在庫時間です。であれば，生産期間短縮には，まずもって在庫時間・停滞時間，すなわち「付加価値吸収が行われていない時間」の圧縮が要になるのです。

すでに生産性の分析の項でも説明したように，工程から材料・仕掛品に製品設計情報が流れている時間とは，情報発信側，つまり「作業」の側から見れば，「正味作業時間」に相当します。

一方，製品設計情報を受け取る側，つまり工程の側においては，「情報受信時間」（付加価値を吸収している時間）が正味作業時間に対応します。一方，

図5-12　情報受信（吸収）時間としての生産リードタイム（概念図）

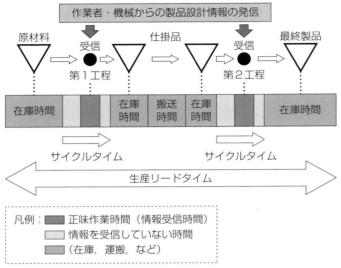

出所：藤本隆宏・東京大学「経営管理」その他の講義資料より作成。

価値を吸収していない時間は，多くの場合，材料・仕掛品が在庫となって寝ている状態です（図5-12）。

受信側の正味作業時間比率は，驚くほど小さいものです。トヨタ自動車の元副社長大野耐一氏によれば，優良な現場で1/200，平均的な現場で1/2,000，弱体現場では1/20,000だそうです。O社K氏の実例でも，最新組立ラインで1/200と言われています。P.52に掲げた図3-12の例（下段）でも，リードタイム9.8日に対して，情報受信時間は102秒にすぎず，約1/12,000ということになります。プロセス産業の中間の工程では，この比率は高いと言われていますが，周辺工程ではどうでしょうか？

(2)　仕掛在庫量と生産期間

簡単な数値例を考えてみましょう。この例（図5-13）は，旋盤と研削盤の2段階からなる専用機械加工ラインで，サイクルタイムはいずれも1分（着脱・搬送を含む）でバランスしています。まず，旋盤と研削盤の間の仕掛品在庫がゼロ（旋盤加工後ただちに研削工程へ搬送）だとすると，このラインにおける旋削開始から研削完了までの生産リードタイム（スループットタイム）は，言うまでもなく2分（サイクルタイム×2）になります。

仮に2つの工程の間に仕掛品の置き場を設置し，旋盤加工済みの仕掛品1個が待機するようにすると，生産期間はその加工待ち時間1分を含めて3分にな

図5－13　仕掛品在庫量と生産期間

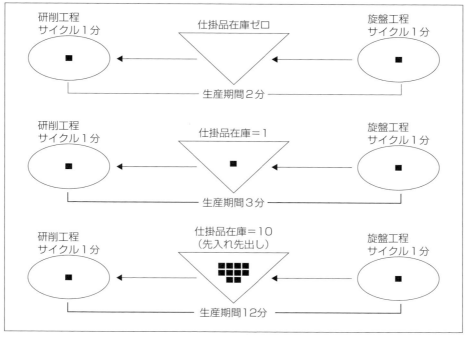

出所：藤本隆宏・東京大学「経営管理」その他の講義資料より作成。

ります。この仕掛品在庫が10個になれば，仕掛品在庫の「先入れ先出し」を仮定して，旋盤工程と研削工程の間の生産期間は12分となります。

このように，在庫レベルの設定と生産期間はほぼ直結しているので，生産期間短縮には，「材料・仕掛品が製品設計情報を受信していない時間」を圧縮することがポイントになります。言い換えれば，生産期間短縮のカギは，在庫システムの改善，在庫削減にあると言えるでしょう。

しかし，在庫にはそれなりの機能があり，ただ闇雲に削減すればよいとは限りません。ここに，在庫システムの設計・構築の難しさがあります。

在庫の種類と機能：在庫には原材料，仕掛品，製品（完成品）の3種類がありますが，機能的に見ると，少なくとも以下の5種類が考えられます。

① **パイプライン在庫**：原料・仕掛品・製品の輸送あるいは倉庫での保管によって生じる在庫。生産・流通の場所が異なることによって発生します。

② **サイクル在庫**：「ロットサイズ在庫」ともいいます。小売・卸売・倉庫・生産工程から，あるまとまった量（ロット）の単位で注文され，まとまった量（ロット）で搬送されることによって発生する，平均在庫量が注文ロットサイズの約半分となる在庫です。

③ **安全在庫**:「バッファー在庫」ともいいます。注文量の予期せぬ増加（平均注文量からの乖離）によって品切れになることを避けるため、サイクル在庫に加えて持っておく在庫です。

④ **季節変動対応在庫**：ある程度予期できる平均注文量の増加，例えば需要の季節変動と，平準化した生産の間のギャップを埋めるため，需要繁忙期の前に「作りだめ」をすることによって生じる在庫です。

⑤ **ディカップリング在庫**：工程間の相互依存を緩める（ディカップリング）ために工程間に置く仕掛品在庫のこと。例えば，一定の工程間仕掛品在庫（ディカップリング在庫）を置くことによって，上流工程における設備故障・欠品・作業遅れなどによるラインストップが下流工程に波及して，ライン全体がストップする事態をある程度避けることができます。

(3) サイクル在庫と安全在庫

在庫管理の立場から見れば，サイクル在庫（ロットサイズ在庫）の水準とバッファー在庫（安全在庫）の水準の決定がきわめて重要になります。

例えば，図5-14の仮想例を見てみましょう。機械部品を作るこの会社では，上流の旋盤工程と下流の研磨工程が別の建物で行われ，その間の輸送に10分を要しています。旋盤加工済みの仕掛品はいったん在庫置場に置かれ，そこから1時間に1回の間隔で下流工程に運搬されます。両工程ともに生産ペースは1分1個で同期化しているものとします。

この場合の在庫量の変動は，図に示したとおりです。まず，上流の旋盤工程の後，および下流の研磨工程の前に，鋸の歯のような形で増減するサイクル在庫（ロットサイズ在庫）が生じます。上流と下流では三角の方向が逆であることに注意してください。

また，その中間に，輸送ロットサイズ60個（1時間分）のパイプライン在庫が断続的に生じています。

さらに，上流工程でのラインストップや輸送中の事故，あるいは下流での需要の急増といった予想外の事態に備えて，上流・下流工程ともに一定の安全在庫をもっています。

このような簡単な事例でも，さまざまな機能を持った在庫が登場しているのがわかるでしょう。

図5－14　サイクル在庫・安全在庫・パイプライン在庫

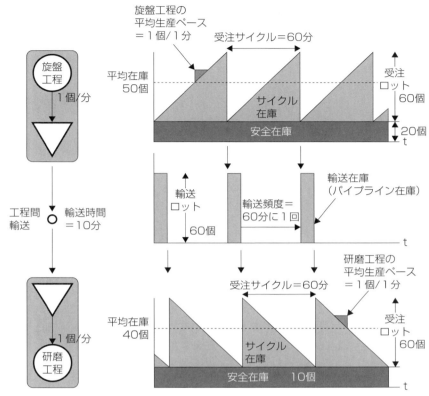

出所：藤本隆宏・東京大学「経営管理」その他の講義資料より作成。

(4) 基準日程と基準仕掛り数

　作業の標準化が進んだ量産工程では，生産期間と在庫の関係は，基準日程と基準仕掛り数の関係として把握されることもあります。

　基準日程とは，ある製品・部品を生産するのに必要とされる標準的な生産期間（スループットタイム）のことです。**基準仕掛り数**とは，この時間に対応する，標準的な工程内仕掛品の総数のことであり，これには，有効工程，すなわち正味作業の行われている工程の中にある仕掛品と，有効工程の間に置かれている仕掛品在庫の両方が含まれます。

　基準日程と基準仕掛り数の関係は，「1個流し」（搬送のロットサイズが1。サイクル在庫も安全在庫も考える必要がない）の流れ生産ラインにおいて最も直接的です。仮に，製品1個当たりのサイクルタイムが全工程で同期化されているとすれば，基準生産期間は，基準仕掛り数にサイクルタイムを掛けたものといえます。

例えば，サイクルタイム100秒で基準仕掛りボディ数が200台の組立ラインでは，基準日程は，20,000秒（200工程×100秒/工程）。組立ライン内の有効工程数が150ステーションだとすれば，残りの50台分（5,000秒分）が組立工程内の仕掛品在庫となります。仮に有効工程内における正味作業時間比率が60％であれば，この組立工程全体の正味作業時間（製品設計情報を吸収している時間）は9,000秒（150工程×100秒/工程×0.6）であり，基準日程（生産期間）に占める「情報吸収時間」の比率は45％ということになります。そして残りの6,000秒は，車体は有効工程内にあるが正味作業が行われていない時間です。

　以上をまとめれば，このケースの標準的な生産期間（20,000秒）は，①有効工程内で正味作業（情報吸収）が行われている時間（9,000秒），②有効工程内にあるが正味作業が行われていない時間（6,000秒），③有効工程の間で仕掛品在庫の状態である時間（5,000秒）の3つに分かれます。

　在庫システムのタイプは，需要が独立需要か従属需要かで異なります。

① 独立需要の場合，その需要は他の品目の需要と連動しません。最終消費財がその典型です。独立需要の場合，生産企業にとってその需要の数量と発生タイミングの不確実性が高くなりがちなので，需要予測が，在庫システム設計の重要なファクターとなります。例えば，マクドナルドのハンバーガーの在庫システムはこれにあたります。

② 従属需要の場合は，その需要は他の品目の需要（生産計画量）から派生します。自動車の生産計画が月産1,000台ならば，ヘッドランプ（1台に2個）の需要は2,000個となるように，乗用車の部品の需要は，構成部品表を通じて，最終消費財である乗用車の需要（自動車組立企業の生産計画）に従います。部品需要の予測は，独立需要の場合よりもシンプルです。

以上の基準で主な在庫システムを分類すれば，以下のようになります（図5－15）。

(1) 独立需要対応システム

定量発注システム（fixed order quantity）と定期発注システム（fixed period）など。

(2) 従属需要対応システム

すでに説明したMRP（material requirement planning）やその発展型であるMRP-II（manufacturing resource planning），および後述の「かんばんシステム」など。

図5－15 主な在庫システムのタイプ

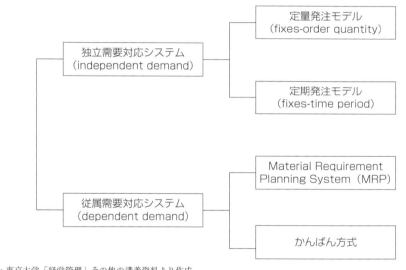

出所：藤本隆宏・東京大学「経営管理」その他の講義資料より作成。

(5) 定量発注と定期発注

まず，独立需要対応の在庫システムについて説明しましょう。これには，大きく分けて「定量発注」と「定期発注」があります。

(1) 定量発注システム

1回当たりの注文ロットサイズを一定とする在庫システムを「**定量発注方式**」と言います。この場合，在庫量は常時チェックし，**発注点**（reorder point）まで在庫量が下がったら自動的に所定の量を発注して在庫の補充を行います。在庫の減少が自動的に発注の引き金になるという意味で，受動的な在庫システムと言えます。

発注量は一定なので，下流工程の生産スピード（時間当たり需要発生量）の変動にともなって，発注間隔（発注サイクル）が伸縮します（図5-16）。

図5-16 定量発注方式

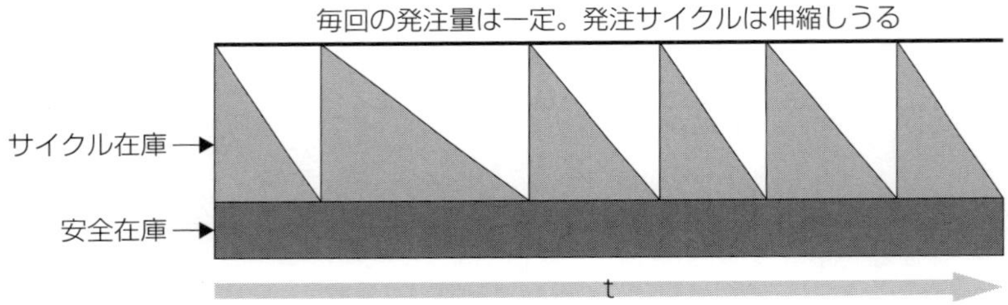

出所：藤本隆宏・東京大学「経営管理」その他の講義資料より作成。

仮に，
下流工程の平均生産ペース（スロープの傾き）＝d，
注文から在庫補充までの納入リードタイム＝t，
望ましい安全在庫（バッファー在庫）の量＝B，
とすれば，
発注点（P）は，$P = B + d \cdot t$ で示されます（図5-17）。

図5-17　発注サイクル＞リードタイムのケース

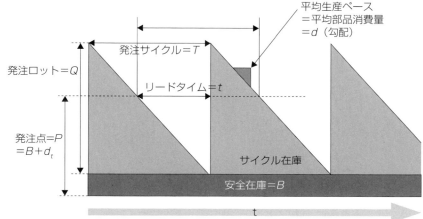

出所：藤本隆宏・東京大学「経営管理」その他の講義資料より作成。

図5-18　リードタイム＞発注サイクルのケース

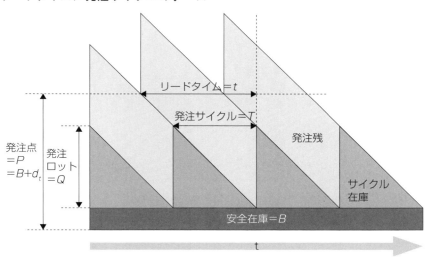

出所：藤本隆宏・東京大学「経営管理」その他の講義資料より作成。

　　　　　リードタイムの方が発注サイクルより長い場合（$t>T$）には，今回分の発注の後に，前回発注分の納品があることになります（図5-18）。この場合，発注残と在庫量の合計がPまで降りてきたら再発注するように，発注点（P）を決めます。

古くから知られる原料の定量発注システムに,「2-ビン・システム（2-bin system）」があります（図5-19）。
　在庫保管のため2つの容器（bin）を用意し,容器2の容量を発注点（P）に合わせておきます。原料は,容器1から消費していき,容器1が空になったら（すなわち残量＝P）,すぐに補充オーダーを出します。その後は容器2の原料を消費しますが,注文に応じて入庫した原料は容器2から満たし,残りを容器1に入れて,以下これを繰り返します。これによって,容器2に古い在庫が貯まることを避けます。

図5-19　ビン・システム

出所：藤本隆宏・東京大学「経営管理」その他の講義資料より作成。

定量発注における安全在庫（バッファー在庫）のレベルは，在庫保有の費用と品切れによる機会費用（逸失利益）のバランスを考えて決めます。ある期間の需要量の確率分布を想定して，「**望ましい品切れ確率（サービス・レベル；s)**」を設定し，在庫量が底をついた時点で品切れ確率が「s」になればよいでしょう（図5-20）。その計算式には，例えばクリティカルフラクタイル法（$s=G/(G+L)$；$G=$変動利益，$L=$在庫費用等）などがあります。その詳細については，『生産マネジメント入門』第6章を参照してください。

図5-20　安全在庫の水準

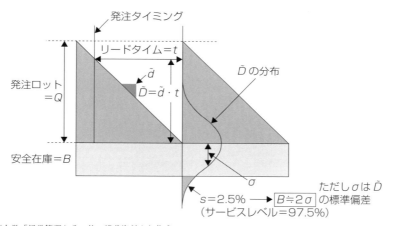

出所：藤本隆宏・東京大学「経営管理」その他の講義資料より作成。

もう一つ重要な点が，発注ロットサイズ（Q）の決定です。これは同時に，前述のサイクル在庫（ロットサイズ在庫）の平均水準（$Q/2$）の決定にほかなりません。

　代表的な Q の決め方に，EOQ（Economic Order Quantity；最適経済ロット）があります。これは，在庫保有コストと発注コストの合計を最小化するように Q を決める方法です（図5-21）。

図5-21　総コスト＝在庫コスト＋発注コスト…その最小化

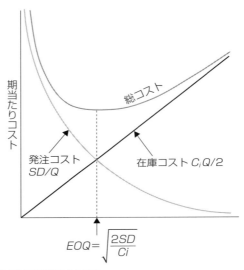

出所：藤本隆宏・東京大学「経営管理」その他の講義資料より作成。

(2) 定期発注システム

独立需要対応システムのうち，定量発注と並んで代表的なものに，「定期発注方式」があります。

この場合，例えば，週1回，月1回などと決めて発注が行われます。定量発注と同様に，発注後一定時間を経過すると自動的に再発注が行われるという意味で，受動的な独立需要対応システムです。しかし，定量発注システムと違って，定期発注では，在庫量は常時カウントされているわけではなく，発注時にのみ把握されます（図5-22）。

図5-22　定期発注方式

発注サイクルは一定。毎回の発注量は伸縮しうる。

出所：藤本隆宏・東京大学「経営管理」その他の講義資料より作成。

定量発注では需要スピードの変化に応じて発注間隔が伸縮しますが，定期発注では，発注間隔が一定で，発注量が伸縮します。

定期発注における発注量（毎回量が違うので，i回目の発注量をQiとします）の決め方は，一般に次のとおりです（図5-23）。

まず，在庫量と発注残（発注済みオーダー）の和の上限（M），すなわち「在庫補充水準」を次のように算出します。

$M = B + d \cdot (T + t)$

ただし，B＝安全在庫水準，d＝時間当たり需要発生量（在庫グラフの傾き），T＝発注間隔，t＝納入リードタイムです。

こうしてM（在庫補充水準）が一定に決まれば，i回目の発注時点における発注残＝Oi，在庫量＝Ii（安全在庫とサイクル在庫の和）として，そのときの発注量（Qi）は，

$Qi = M - Ii - Oi - B$

となります。

図5-23 納入リードタイム（t）＜発注サイクル（T）のケース

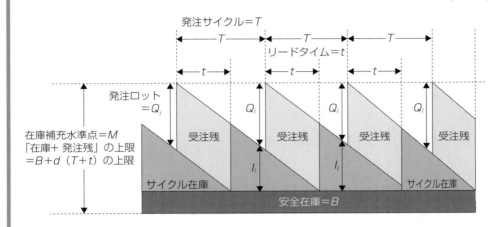

出所：藤本隆宏・東京大学「経営管理」その他の講義資料より作成。

　納入リードタイム（t）が，発注サイクル（T）よりも短いときは，$Oi=0$ であり，したがって単に，$Qi=M-Ii-B$ となります。

(6) かんばん方式

　従属需要対応システムに話を移しましょう。ここでの2つの主役は，前述のMRPと，トヨタ自動車が開発したいわゆる「かんばんシステム」ですが，両者は何かと対照的な性格をもっています。MRPについてはすでに説明したので，ここではかんばんシステムのお話に焦点を絞りましょう。

　かんばんシステムは，トヨタ生産方式（TPS），特にジャストインタイム（JIT）方式の一部分としての在庫システムであり，いわゆる「後補充」（部品在庫が減った分だけ部品を発注・補充して元の在庫量に戻す方式）を原則とする，一種の定量発注方式の従属需要版と言えます。

　かんばんシステムは，トヨタ自動車（元副社長の大野耐一氏）が構築してきた在庫管理システムですが，80年代以降は，トヨタ系の部品メーカーのみならず，海外や他産業でも導入する企業が増えました。かんばんシステムがジャストインタイム方式のすべてであるかのような誤解が根強くありますが，かんばん方式はあくまで手段であり，「ジャストインタイム」システムの一部に過ぎません。

　最近は，「後補充」の原則は維持しながらも，かんばんの還流の代わりに通信ネットワークなどを使って納入指示・生産指示を伝える「電子かんばん」も徐々に増えていますが，ここでは，原理的にわかりやすい従来型のかんばんについて説明しましょう。

　「かんばん」とは，納入指示（発注）や生産指示に使われる，繰り返し利用可能なカード（循環伝票）のことです。納入指示（発注）を「引き取りかんばん」，生産指示を「仕掛りかんばん」といい，特定の上流・下流工程の間で，2つ1組で使われます。

　典型的なかんばんは，縦9cm，横20cm程度で，何度も使えるようにビニールのカバーで密閉されています（図5－24）。

　例として，自動車の組立工程（下流）と，ある部品の生産工程（中流），さらに，その子部品の生産工程（上流）の3段階からなる生産システムを考えてみましょう（図5－25）。この3つの工程は，同じ工場内にあっても，同じ会社の別々の工場でも，あるいは異なる企業でも，本質的には変わりません。

　後工程から引っ張るという意味で，「引っ張り方式」（プルシステム）とも呼ばれ，中央集権的に作った生産計画を全工程に一斉に伝達・指示する「押し出し方式」（プッシュシステム）とは仕組みが異なります。この，「後工程からの

図5-24 引き取りかんばん

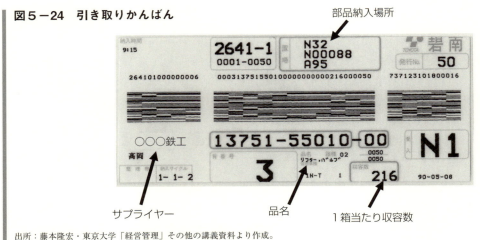

出所:藤本隆宏・東京大学「経営管理」その他の講義資料より作成。

図5-25 かんばん,コンテナ,現品の流れ

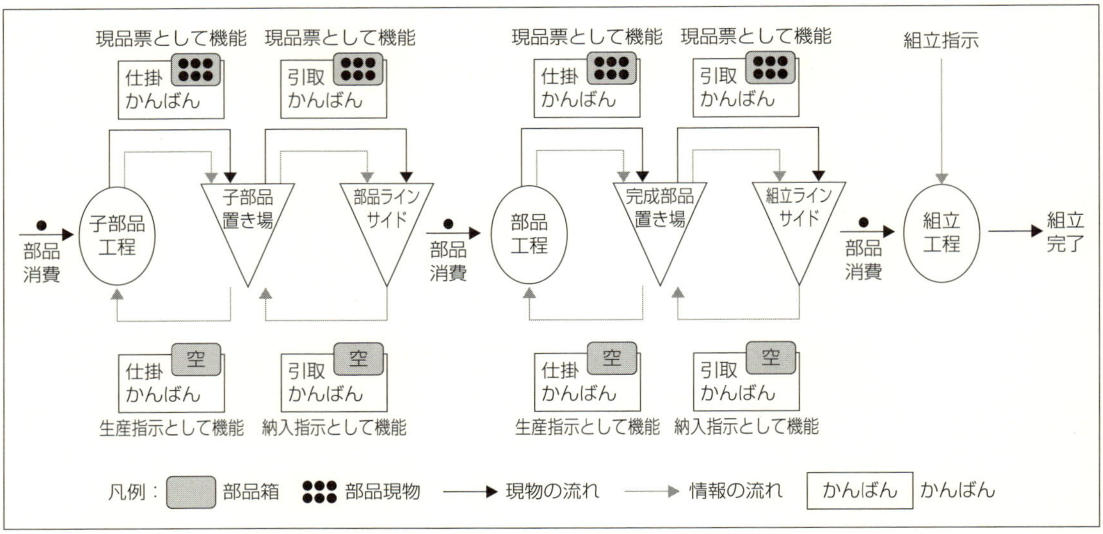

出所:新郷重夫『トヨタ生産方式のIE的考察』を参考に藤本作成

納入指示・生産指示」を行う情報伝達手段が,「かんばん」にほかなりません。

したがって,かんばんシステムでは,後工程である組立工程のみに生産計画に基づく生産指示情報を与えれば,前工程である部品生産工程に対する指示はかんばんによって連鎖的に行われます。MRPのように,すべての工程に上からの生産指示を行う必要はありません。かんばんシステムの基本は,「後工程引き取り」,つまり「下流工程が必要な部品を必要なだけ上流工程へ取りに行く」というやり方です。言い換えれば,前工程が後工程の指示なしに勝手に出

荷することは許されません。

　ここで重要なのは，かんばんは原則として，仕掛品 n 個の入った，規格化されたコンテナ（部品箱）とともに動くという点にあります。コンテナもかんばんも，上流工程と下流工程を行き来して繰り返し使われますが，かんばんとコンテナはいわば表裏一体であり，2工程間を往来するコンテナが仮に N 箱であれば，かんばんの枚数（引き取りかんばんと生産かんばんの合計）も N に等しくなります。

　このようにかんばんはコンテナの影のような存在であり，時に離れ離れになることもありますが，基本的にはコンテナと行動をともにします。つまり，かんばんはコンテナと同じ平均スピードで2工程間を循環します。このことが実は，重要な意味を持っています。つまり，モノと情報の同期化です。

　コンテナ（規格化された部品箱）は，上流から下流へ流れるときには部品（n個）を運び，帰りは空箱となって上流工程に戻るのが基本です。個々のかんばんは，それに対応するコンテナ（部品箱）の状態によって，あるときは現品票，あるときは納入指示票，またあるときは生産指示票という具合に変容します。部品 n 個を満載したコンテナについて順行しているときのかんばんは，その部品が何であるかを示す「**現品票**」です。この点で言えば，かんばんシステムは一種の「**現品管理**」とみなすこともできます。一方，帰りの空箱について戻るときには，かんばんは「**納入指示票**」あるいは「**生産指示票**」となり，上流における実際の生産活動・運搬活動の引き金となります。

　空の席が来たらその収容数分だけ人が乗るスキーのチェアリフトにやや似ているでしょう。山頂で3人降りれば，3席の空席が発生し，それが同期化したスピードでふもとに戻ってくると，そこにいる3人が空席を埋めるというものです。

(1) かんばん枚数の決定

　ある2工程間でかんばんの枚数を決めるということは，コンテナの数を決めるということにほかなりません。

　安全在庫＝B，1回当たり発注量＝Q，需要スピード（時間当たり消費量）＝d（一定かつ不確実性なしと仮定），前工程の納入リードタイム＝tとすると，定量発注方式の項で示したように，後工程における在庫の最大貯蔵量は $Q+B$，発注点（＝P）は，$d \cdot t + B$ です。

　コンテナ1箱当たりの部品収容数＝n，そして納入リードタイム（t）が納入

サイクル（T）より短いと仮定すれば（$t<T$），コンテナの数（N）は，最大貯蔵量を部品収容数で割った数となります。これが，工程間を巡回するかんばんの枚数にほかなりません。すなわち，

$N=(Q+B)/n$

納入サイクル（T）は，$T=Q/d$で示されますが，納入サイクルと納入リードタイムの差（$T-t$）を余裕時間（X）とすると，

$Q=d・T=d・(t+X)$

ですから，代入して，

$N=\{d・(t+X)+B\}/n$

仮に，余裕時間をゼロと設定すれば，納品即再発注ということになり，単純に，

$N=(d・t+B)/n$

納入リードタイムの方が長い場合（$t>T$）も，結局は，$N=\{d・(t+X)+B\}/n$で，同じ式になります。

納入リードタイム（t）は，コンテナが，前工程，後工程を一巡する時間にほかなりませんが，これには，引き取りかんばん，生産かんばんのいずれかが同行するので，引き取りかんばんの一巡する期間$=h$，生産かんばんの一巡する期間$=s$とすれば，

$t=h+s$

したがって，

$N=\{d・(h+s+X)+B\}/n$

となります。

(2) **数値例**

図5-26の例では，規格化したコンテナ1箱当たり10個の部品を収容します。組立，部品加工の2段階からなるプロセスで，この2つの工程の生産ペース（それぞれdとp）は同期化しており，それぞれ，1時間当たりコンテナ5箱分（50個）の部品を生産・消費します（$d=p=50$個/時間）。余裕時間はゼロ（$X=0$）で，部品を後工程に配達した者が，空箱とそれに対応する納入かんばんを前工程に持って帰るものとします。また，生産は完全に平準化しており，したがってバッファー在庫はゼロでよいと仮定します（$B=0$）。トラックによる輸送時間は，前工程から後工程へ部品を運ぶ際に30分，空箱を持って帰るのに30分，合計1時間とします。発注ロットは，コンテナ5箱分で（Q

図5－26　かんばんシステムの事例

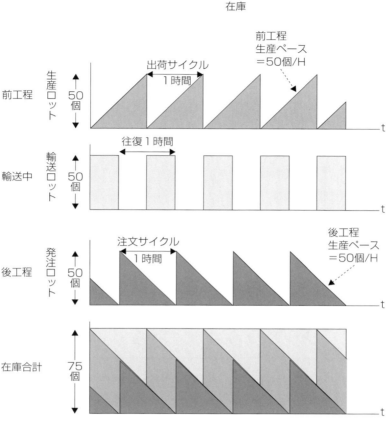

出所：藤本隆宏・東京大学「経営管理」その他の講義資料より作成。

＝50個），納入間隔は1時間。トラック1台でピストン輸送します（$T=Q/d$ ＝1時間）。

　この場合，納入リードタイム（t）は，まずトラック運転手が納入かんばん（5枚）を前工程に持って帰るのに30分，生産かんばんによってただちに前工程に生産指示がなされて，所定の50個（コンテナ5箱分）を生産するのに1時間（$Q/p=1$時間），部品の入ったコンテナを組立工場まで運ぶのに30分，組立工場で5箱分の部品が消費されて5つのコンテナが空になるまでに1時間（$Q/d=1$時間），合計3時間になります（$t=3$時間）。

　平均在庫量は，後工程が平均25個（50／2），前工程が平均25個（50／2），輸送中が平均25個（50／2），合計75個（コンテナ7.5箱分）です。

　このとき，必要なコンテナ数は，$d\cdot t/n=50\times 3/10=15$，つまり15箱になります（図5－27）。

図5-27 コンテナ数とかんばん数

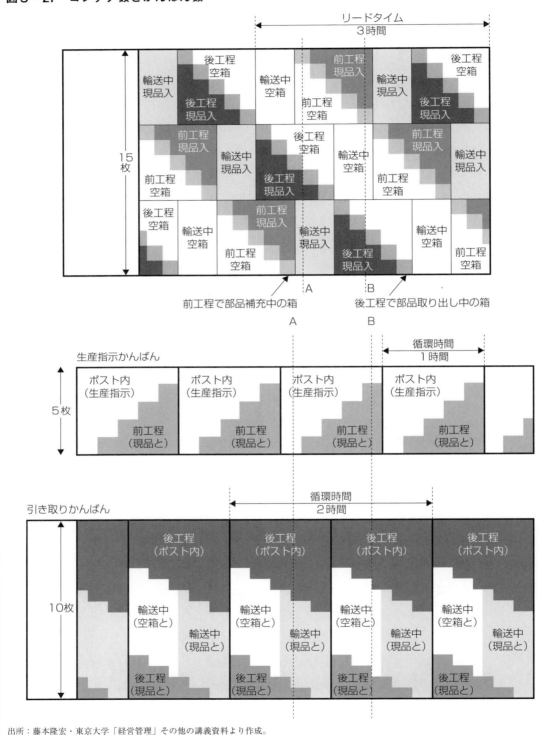

出所:藤本隆宏・東京大学「経営管理」その他の講義資料より作成。

5　納期と工程・在庫管理

したがって，かんばんの数も合計15枚。このうち，生産かんばんは，その循環時間（$s=1$時間）に見合う5枚（$50 \times 1/10 = 5$），納入かんばんは，その循環時間（$h=2$時間）に見合う10枚（$50 \times 2/10 = 10$）です。

また，図5－27で縦の点線で示した時点AAと時点BBにおける，コンテナ，現品，およびかんばんの状態をスナップショット的に示したのが図5－28と図5－29です。

図5－28　かんばんシステムのスナップショット（時点AA）

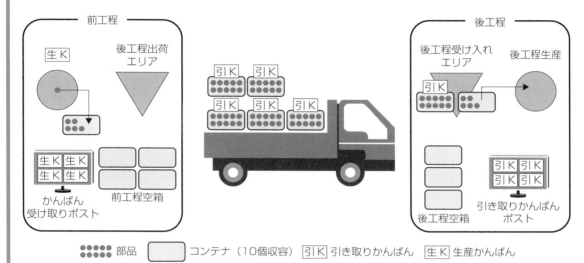

出所：藤本隆宏・東京大学「経営管理」その他の講義資料より作成。

図5－29　かんばんシステムのスナップショット（時点BB）

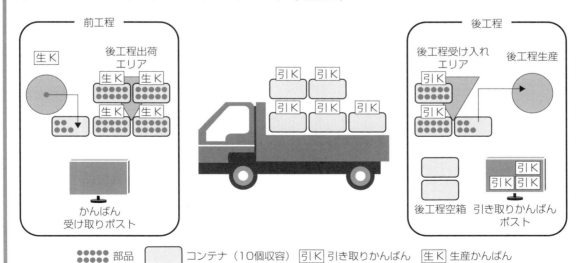

出所：藤本隆宏・東京大学「経営管理」その他の講義資料より作成。

時点 AA では，現品を満載したコンテナ5つを運ぶトラックが後工程へ向かっています。後工程では3箱分の部品がすでに消費され，4箱目から部品がとられている最中です。前工程では，1箱目のコンテナに完成部品を詰め始めたところで，あとの4箱はまだ空です。

一方，時点 BB では，空のコンテナ5つを運ぶトラックが前工程へ向かっています。前工程では，すでに4箱のコンテナに完成部品が満載されており，最後の1箱に部品が詰められている最中です。後工程では2箱分の部品がすでに消費され，3箱目から部品がとられている最中です。いずれにしても，かんばん枚数（15枚）とコンテナ数（15個）が同一であるということは，この図からも明らかでしょう。

(3) かんばん枚数と生産改善

すでに見てきた通常の定量発注の例では，発注ロット（Q）は「EOQ」（最適経済ロット）によって，発注コストと在庫コストの和を最小化するように，また安全在庫量（B）のレベルも，品切れコストと在庫コストの和を最小化するように計算されました。したがって，このシステムであれば，かんばんの枚数（N）は，QとBの最適量から，$(Q \times B)/n$と計算されます。

これは一見，経済合理的な考え方です。しかし，この方法は，結局，静態的な均衡概念に基づくもので，短期的には理に適うけれど，在庫量や余裕時間，リードタイムなどの削減を通じてダイナミックに改善を行うメカニズムが織り込まれていない点に，潜在的な弱点があります。要するに，段取替コスト，需要予測精度などを与件として，QやBの最適化を行うのであって，QやBそのものを低減していくという発想がありません。

これに対して，かんばん方式は，前述のかんばん枚数決定式の左辺（かんばん枚数＝N）を低減する努力を通じて，右辺の数字を改善していこうという前向きな考え方をします。

Nを低減しようとすれば，需要スピード（d）は市場で決まるため勝手に動かせないので，①生産，物流などの改善による納入リードタイム（t）の短縮，②余裕時間（X）の削減，すなわちQの低減，③生産平準化，リードタイム短縮などによる安全在庫量（B）の低減などを進めるしかありません。

かんばん枚数の削減という目に見えてかつ単純な方法で，生産期間短縮，在庫削減の動機付けを行うところに，改善メカニズムを織り込んだ在庫システムとしてのかんばんシステムの特徴があります。

(4) かんばん方式の適用条件

かんばん方式は，本質的には，空のコンテナ（その影としてのかんばん）が生産指示・納入指示情報を伝えるシステムであり，コンテナ・パレット輸送によって連結された繰り返し型の加工・組立工程によくマッチします。また，コンテナの中の部品がすべて同一であるという意味で，ある程度コンスタントに消費される共通部品を前提にしています。

また，後工程の実際の生産量（部品消費量）で前工程への発注量（t期先の納入量）を決める，という意味で，かんばん方式はプルシステムだといわれますが，その大前提は，**後工程における平準化生産**です。後工程の部品消費量が変動するようでは，実際の生産量でt期先の納入量を決めることに意味がなくなります。

これは，後工程が多品種を作っている場合にも当てはまります。特定品種の生産ペースを平準化すること，つまり，なるべく小ロットで品種を切り替えること（そのために，段取作業を改善するなど，工程をフレキシブル化すること）ができなければやはり意味がありません。例えば，最終組立ラインにおける生産量の平準化と混流生産は，かんばん方式成立の重要な条件になります。

さらにもうひとつ大切な条件は，各部品メーカーにたいする（確定月次計画に基づく）発注内示情報の計画精度の高度化です。トヨタでは，事前の発注内示量に対する実際の発注量（かんばんによる納入指示の総量として事後的にわかる）を，プラスマイナス10％以内に収めることを目安にしており，実際にほとんど達成しています。

(7) MRPとかんばん方式の比較

同じく従属需要対応の在庫システムであるMRPと比較した場合、かんばん方式はどのような特徴を持つのでしょう（図5-30）。

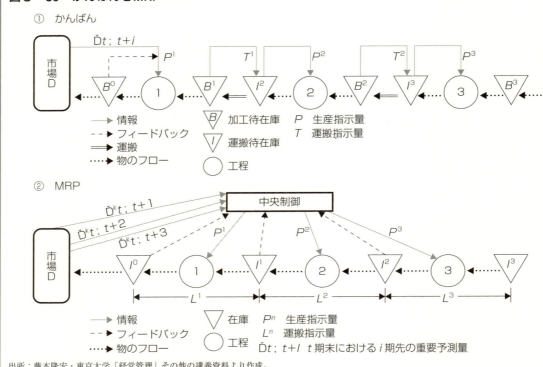

図5-30　かんばんとMRP

出所：藤本隆宏・東京大学「経営管理」その他の講義資料より作成。

(1) 組立生産計画・生産指示

両者とも基準生産計画（実態としては月次計画）に基づきますが、かんばん方式は平準化・混流化とサイクルタイムの均一化を前提としています。

かんばん方式では、生産計画に基づく生産指示は、組立ラインの1か所にのみ送られます。一方、MRPのマスタースケジュールは、必ずしも平準化を前提としません。また、MRPでは、生産計画に基づく生産指示は全工程に対して行われます（押し出し方式と呼ばれています）。

(2) 材料計画・納入指示

かんばんの場合も、MRPと同様に、基準生産計画を部品展開します。しかし、生産が計画されている品種の平均日量が平準化されているため、MRPと違って、リードタイムを考慮した発注タイミングの逆算は行いません。納入指示は、

空の部品箱に対応するかんばんで行います。

これに対し，MRPは，発注計画を合理的・体系的に決めますが，かんばんに対応する生産指示手段がありません。

(3) **工数・能力計画**

MRP-IIは，CRPによって体系的に能力計画を立て，負荷と能力を相互調整させようとします。一方，かんばんシステムでは，「平準化」の概念に基づき，原則としては，平均の需要発生スピードに生産能力（例えばサイクルタイムで表示されます）を一方的に従わせることを指向しています。

要するに，MRPが，あくまで従属需要を前提に「理詰め」のシステムを構築しているのに対し，かんばんシステムは，部品需要をあたかも独立需要のごとくみなし，計画段階における生産量平準化とプロダクトミックス平準化，および実施段階におけるかんばんによる微調整で対応する一種の「定量発注方式」なのです。

また，MRPがリードタイム，段取替コストなどを与件として，静態的な最適在庫量決定（EOQ，最適安全在庫など）を行っているのに対し，かんばん方式は，かんばん枚数の変化などによってダイナミックな在庫削減，小ロット化，生産期間短縮などを行い，作業改善に結びつけます。要するに，かんばん方式は，生産期間短縮と在庫削減のメカニズムを内蔵した生産・在庫システムといえるでしょう。

とはいえ，かんばん方式とMRPは，両立不可能ではありません。最近では，材料計画，あるいはそれに連動する「かんばん枚数の決定」をMRP（あるいはMRPを内蔵する前述のERP）が行い，実施段階の微調整をかんばんが行う，かんばんとMRPの統合システムもあります。

4　工程改善策

このように要因分解した結果，少なくとも以下のような要因のリストができます。

▎(1)　工程改善策の類型
(1)　生産期間に占める正味作業時間比率のアップ＝転写密度のアップ
- 原材料・仕掛品・製品の安全在庫，不要在庫削減
- 拠点間輸送の近接化・高速化
- ライン間搬送の近接化，高速輸送化
- 機能別レイアウトの製品別ライン化，ライン短縮，工程間距離の短縮（間締め）
- 拠点間搬送ロットサイズの縮小
- ライン間搬送ロットサイズの縮小
- 可動率アップ（設備故障・チョコ停時間低減，段取替時間低減）
- ラインバランスの改善（同期化）

(2)　生産期間内の正味作業スピード（正味作業時間/個）アップ＝転写速度のアップ
- 習熟曲線の利用
  安定的な作業配分，動作の標準化
- 新技術による転写速度アップ
  切削速度（回転・送り），反応速度アップ
- 新技術による作業の省略・統合
  自動化・無人化，加工・仕上・組立レス

(3)　需要予測の高精度化

(4)　工数計画の柔軟化
　　需要に合わせた生産能力の弾力的調整

(5)　生産計画の柔軟化
　　需要変動に合わせた生産計画の段階的調整

(6) 生産統制の厳格化

　　計画通りの生産の実現（可動率，直行率などのアップ）

(2) 改善のプロが提案する方策（例）

　例えば，日刊工業新聞社『現場を根こそぎ改善する事典』には，「生産の流れを作る改善テクニック」として，現場改善のプロによる以下のような改善案が例示されています。

- 平準化生産：製品ごとに「日当たり稼働時間÷需要数＝サイクルタイム」で混流・小ロット生産
- 指定席方式：平準化のため品種別生産比率に合ったトレイやハンガーを「指定席」として用意
- Ｕ字ライン：ジョブショップ製品別ラインに変更する際，入り口と出口を近づけたＵ字ラインに
- 多工程持ち：製品別ラインにする際，流れに沿って複数工程をこなす多能工・多工程持ちに
- 簡易かんばん：後補充で作業・納入指示する「かんばん」は，部品箱，台車，コンベアでもよい
- 整流化：複数ラインが１工程に合流する「濁流」を，工程水平分割・小型化で１本線の整流に
- 設備の小型化：稼動率重視の高速大型汎用機から，Ｕ字ラインに適した低速・低コスト設備に
- スムーズとりおき：運搬のために仕掛品を数えて台車に積みなおすなどの停滞・運搬を減らす
- ライン間・工場間の流れ化：搬送の小ロット・縦流し化，運搬具の改善，ストアの情報管理
- １個流し：ＰＱ分析（ABC分析で１個流し品種を選別），経路分析，設備密集化，基準仕掛
- 工程ばらし：実態調査，意識変革，「切り口」発見，流れ構想，レイアウト案，効果予想，実施

　自らの現場経験も加味して，これらの「方策」を使う，あるいは使うことのできる状況を逆算して考えてみましょう。方策からさかのぼっても，「定石」を作っていけます。いずれにしても，いきなり大きな改善から考えるよりも，

身の回りの小さな例から始めて、徐々に「定石作り」に慣れていくのが良いと思います。

第3章で述べた工程流れ図やものと情報の流れ図を書いてみましょう。問題発見指向の「工程流れ図」が何枚か書けたら、それを「時間流れ図」に翻訳することによって、生産リードタイムの低減につなげましょう。時間流れ図については、これは生産リードタイム短縮の重要なツールともなり得るので、場合によっては巨大で詳細なものを書く必要があるかもしれません（図5−31）。

図5−31　ラインバランスの悪い工程における生産リードタイム短縮

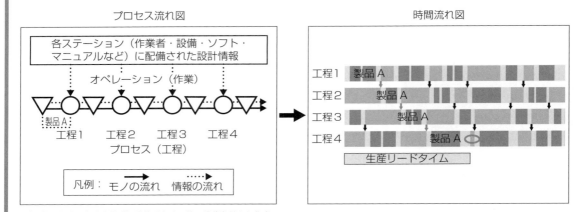

出所：藤本隆宏・東京大学「経営管理」その他の講義資料より作成。

作業時間が一定しない多品種少量生産の場合，工程編成・作業編成の考え方は大きく２つに分かれます。

第一は，稼動率重視の考え方です。図５−32のように，各工程の待ち時間をぎりぎりまで減らし，各工程の稼動率を高める一方，生産リードタイムは長くなっても良い，という考え方です。

図５−32 流れを時間軸で見る（稼働率優先型）

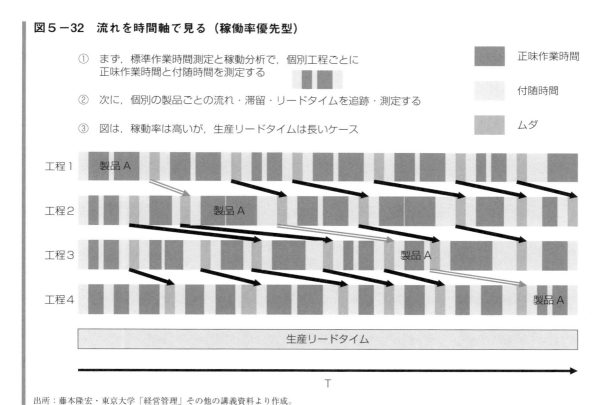

出所：藤本隆宏・東京大学「経営管理」その他の講義資料より作成。

図を見ればわかるとおり、仕掛品が次の工程を待つ時間が長くなり、その分、生産リードタイムは長くなります。典型的なジョブショップの考え方です。

　一方、リードタイムを重視する考え方で工程を編成すると、仕掛品に対して厳しい制約を課し、図で言えば左上から右下へ製品Aを作るための4つの作業ユニット（4つのボックス）が余裕なしでつながった状態になるため、手待ちのムダ時間が発生しやすくなります（図5-33）。

　逆に言えば、まずリードタイム優先で工程に作業をはめ込み、顕在化したムダを削減する方向で、常に作業編成の平準化などの改善を行うならば、最終的には、高いレベルにおける工程稼動率（生産性）と生産リードタイムを両立させられるかもしれません。

　このように、リードタイム優先→手待ちのムダの顕在化→平準化などによるムダの削減→ラインバランスの改善、という順序で進むのが、典型的な「トヨタ方式」ともいえるでしょう。

図5-33　流れを時間軸で見る（トヨタ的なリードタイム優先型）

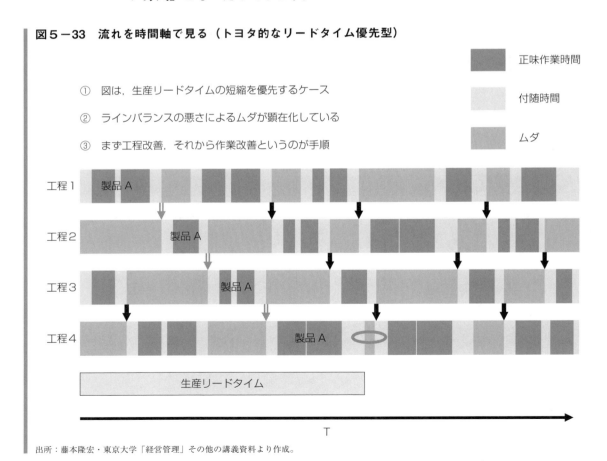

出所：藤本隆宏・東京大学「経営管理」その他の講義資料より作成。

具体的に，現場においてどのような展開がありうるでしょうか。一品一様に近い多品種生産であっても，分解すれば多くの部分が標準作業の組み合わせでプロセスを近似できるのではないか，というのが，一つの発想の起点です。

したがって，多品種少量生産といえども，作業分析，稼動分析を普段から行い，多様な作業の中に埋め込まれている共通部分を見つけ出し，そうした共通要素を，一連の「**標準作業ユニット**」として取り揃えておきます。いわば，レゴのピースを揃える作業です。各「ピース」の長さは，一単位の標準的な作業を完了するための「正味作業時間＋付随時間」です。これらを「出来合いの作業モジュール」として，工程のテンプレート設計を行います。つまり，「一品一様の製品を作る作業はすべてユニークである」とはあえて考えず，できるだけ近い「標準作業ユニット」を選んで組み合わせることで，多様な「時間流れ図」を構成してみます。どうしても標準化できない作業ユニットのみをカスタム化し，あらたに作業時間を測定し，新しい「レゴのピース」とします。いわば，「イージーオーダー」で多様な作業の流れを近似的に表す，という試みです。

こうした標準化を経て，現場で使える，見える，異常に即時対応できる「流れ図」を考えましょう。

例えば，標準作業ユニットをマグネットピースで表し，前後関係の制約，余裕時間を勘案しつつ，現場のボードに貼り付けます。異常が起これば現場でピースを貼り替え，即時対応できる柔軟性を持たせます。トヨタ・ベトナム工場（少量生産）では，これに類したマグネットピースを使うボードがありました。スウェーデンのトラックメーカー・スカニアのエンジン工場にも同様の仕掛けがありました。

あるいは，同様の即時修正機能を持つディスプレイを現場に置くことも考えられます。そのためのソフトの開発が必要ですが，これは出来合いに近い，簡単なものでよいでしょう。

迅速で正確な納期のための，工程改善による顧客満足の向上が，本章のテーマでした。そのためには，以下のような要素が必要です。

① 生産リードタイムの短縮
② 過不足のない生産能力
③ 正確な需要予測
④ 柔軟な生産計画

⑤ 厳格な生産統制

　とりわけ，生産リードタイムの短縮と，在庫システムの最適化が重要です。まず，「あるべき姿」の「要因分解と反転」によって，「兆候のリスト」を体系的に作成します。次に，そうした「兆候」を起点にして，「工程改善の定石」を考案していきます。

　そのために，現場で使える「工程流れ図」，「時間流れ図」，「ものと情報の流れ図」などを活用できないでしょうか。いずれにしても，定石を現場で生かすためのさまざまな工夫が必要です。

5　納期と工程・在庫管理

Point
- 納期の管理を工程管理という。
- 納期・生産量・製品在庫・受注残は連動する。
- 見込み生産か受注生産かで工程管理のポイントは異なる。
- 日程計画（アウトプットの管理）は大・中・小とだんだん細かく管理せよ。
- MRP（材料所要量計画）の論理と限界を把握せよ。
- 工数計画（生産能力の計画）と材料所要量計画を連動させよ。
- 工程をしっかり管理しないと，納期（リードタイム）は守れない。
- 在庫にも機能がある。機能別の在庫のタイプを理解せよ。
- 独立需要対応の在庫システムには，定量発注と定期発注がある。
- 従属需要対応の在庫システムには，MRPと「かんばん方式」がある。
- 従属需要対応の在庫システム＝MRP，かんばん方式ではない！
- 「かんばん方式」は後補充の小ロット供給である。かんばんはそれを統制する現品票であり納入指示・生産指示票である。ただし，平準化など導入には条件がある。
- かんばんは，MRPよりも改善指向である。
- MRPは世界共通のソフト，一方「かんばん方式」はトヨタのものづくりの思想。

かんばん方式はスキー場のリフトのようなシステム

第6章 品質管理

　ここまで，「ものづくり」の三大競争力指標である「QCD」のうち，コスト（cost）と納期（delivery）を説明してきました。この章では，競争力の三つ目の大きな柱である「品質」（quality）とその管理・改善について見ていきましょう。

　「品質」（quality）という言葉は，日常的に使われているだけに，多義的です。つまり，品質という言葉で思い浮かべるものが，人によって大きく異なる可能性があります。したがって，しっかりと定義を確認してから議論をしないと混乱してしまいます。

　例えば，「品質が高いクルマ」とは何でしょうか？　答えは，何を品質と考えるかによって違ってきます。例えば，品質を「高級さ，センスのよさ」と考えるのか，車の提供する機能・性能の束の絶対的レベルを重視するのか，あくまで価格との兼ね合いで評価するのか，あるいは「壊れない，長持ちする，設計図どおり仕上がっている」といった点を重視するのでしょうか？

　品質の定義については様々な議論がありますが，それらは教科書などに譲って，ここでは最も基本的な分類である「設計品質」と「適合品質」に焦点を絞りましょう。

　この章では，例えば以下の点について考えていくことにします。
　まず多様な品質概念の定義をきちんと押さえましょう。

設計品質（製造の目標としてねらった品質）×適合品質（設計情報の転写精度）＝総合品質（総合商品力→顧客満足）

　設計品質と適合品質は掛け算です。どちらか一方が0ならば総合品質は0になってしまいます。

品質管理の二大アプローチは，

① 検査
② 品質作り込み

です。設計情報の転写精度を上げることが，品質管理・改善のポイントです。

設計情報の転写という観点からすれば，設計情報が持っている顧客を満足させる力が「設計品質」，それが媒体に転写されるとき（生産時）の転写精度が「適合品質」です。したがって，製品（＝設計情報＋媒体）の現物が顧客を満足させる力である「総合品質」は，設計品質と適合品質を，いわば掛け合わせたものだと考えられます。これについて詳しくは，後で説明します。

1　品質の概念

品質を考えるうえで，その出発点は，顧客の立場から見た，総合的な製品品質の概念です。

(1)　総合品質

「総合品質」は，その製品自体がユーザーに与える顧客満足（customer satisfaction）の度合いと定義できます。品質管理の権威であったジュランは，「総合品質」を，ユーザーニーズとの適合度（fitness for use）として捉えました。また，「ものづくりとは設計情報の流れを作ることである」という立場からすれば，総合品質とは，「企業が製品に託して顧客に向けて発信する「製品設計情報」が，顧客を満足させる力」のことであると言えます。

一例を挙げましょう。顧客満足の二側面である「いらいら度」と「わくわく度」のマトリックスで考えてみましょう。ヨーロッパの高級車のように，いらいらするけれど，わくわくする製品というものもあります。日本車はどちらかといえば逆と言えるでしょう。「わくわく度」は設計品質，「いらいら度」は製造品質と，より強く結びつく傾向があります。

(1)　設計品質

「設計品質」（design quality）とは，製品・工程の設計段階で意図された製品の機能・性能・外観などであり，「製造の目標としてねらった品質」，あるい

は，顧客に対してあらかじめ約束した製品機能のことです。つまり，転写が完璧な場合の総合品質のことになります。

企業が顧客に対して設計情報を発信することを「ものづくり」と呼ぶならば，設計品質とは，企業が創造した製品設計情報の内容が，「発信源」において持っている「顧客を満足させ得る力」のことであると言えるでしょう。

(2) 適合品質

一方，「適合品質」（conformance quality）は，設計図面の段階でねらった機能・外観等が，ユーザーの購買段階あるいは使用段階で，現物の製品の中に実現されているかどうかを示す概念です。つまり，現物がどの程度，設計図どおりにできているかを示す尺度になります。設計と現物に乖離があれば，適合品質が低いということになります。

適合品質ときわめて類似した概念に，「製造品質」（manufacturing quality）があります。文字どおり，製造プロセスで決まる品質のことです。厳密に言えば，出荷後の不具合などは適合品質に含まれますが，本書では細かい違いにはこだわらず，「製造品質」を「適合品質」の同義語とみなすことにします。

「ものづくりは設計情報の創造と転写である」という立場から言えば，適合品質とは，図面などで示された製品設計情報が，材料・仕掛品に転写あるいは伝達される際の「転写精度」，「通信精度」のことと解釈できます。

「適合品質」はさらに，①「初期品質」，すなわち顧客の購入段階における現物の設計からの乖離（「建て付け」，「仕上がり」など）具合と，②「経年品質」，すなわち使用段階での設計からの乖離（信頼性，整備性，耐久性など）具合に分けられます。

(3) 時間軸で見た品質の概念

製品の品質が時間とともに変化する様子を示したのが図6－1です。

図6−1　時間軸で見た設計品質・初期適合品質・経年適合品質の概念

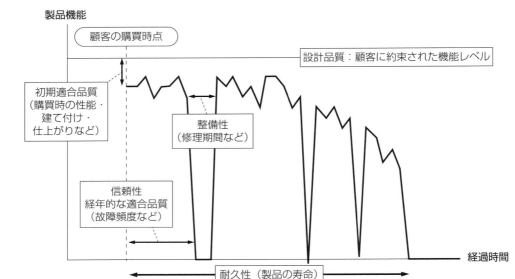

出所：藤本隆宏・東京大学「経営管理」その他の講義資料より作成。

　　製品を買った当初の品質は「初期適合品質」，すなわち顧客の購入段階での現物の設計からの乖離（「建て付け」，「仕上がり」など）として表されます（出荷後も）。

　一方，「経年品質」は，信頼性，整備性，耐久性などに分けられます。

　「信頼性」とは一定の使用期間中に製品が設計どおりに機能しなくなる（故障する）頻度のことであり，「平均故障間隔」（MTBF：mean time between failures）や，「1回目の故障発生までの平均期間」（MTFF：mean time to first failure）などで測ります。

　「整備性」は，ひとたび故障したときの修理の容易さのことで，「平均修理時間」（MTTR：mean time to repair）などで表します。

　「耐久性」は，修復不可能な故障に至るまでの平均時間，つまり，製品の「平均寿命」を表します。

(2) 品質の連鎖（Chain of Quality）と品質概念

図6－2の「品質連鎖」で示したとおり「総合品質」（総合商品力）は，大まかに言えば「設計品質」と「適合品質」の合成されたものです。

したがって，高い「総合品質」は，高い「設計品質」と高い「適合品質」の両方が達成された場合にのみ実現するのであり，どちらか一方だけではだめなのです。凡庸な設計を完璧に実現した製品も，素晴らしい設計だがすぐ壊れる製品も，どちらも高い「総合品質」とは言えません。

高い「総合品質」の実現が，開発・生産・購買・販売などのすべてにおけるレベルの高いチームワークによってのみ達成されることは，以上から明らかでしょう。

図6－2　品質の連鎖と品質概念

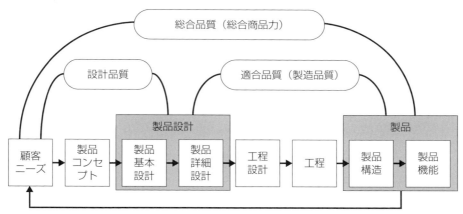

注：■は情報資産（ストック），→は情報処理の流れ（フロー）を表す。
　　◯は情報内容のマッチングとしての品質概念（設計品質・適合品質・総合品質）を表す。

出所：Takahiro Fujimoto "Organization for Effective Product Development"（1999）。

2　品質の測定

実際の品質の測定は難しい場合が少なくありません。それは品質というものが多面的，主観的な側面を持っているからです。

市場で把握される「適合品質」の指標としては，一定の出荷数（あるいは出荷価額）当たりの苦情件数，返品金額，修理要員派遣回数，製品保証（ワランティ）費用など，あるいは平均故障頻度，補修部品売上高，そして，品質監査

（オーディット）で明らかになる「誤って出荷される不良品（out-going defects）の率」などがあります。

　例えば，自動車の車体表面は，20年前であればキズとは言われなかったものも，現在ではキズと言われるようになっています。質のレベルが変化しているとともに，顧客の鑑識能力が高まっているのです。顧客も進化するということです。

　「総合品質」（総合商品力）の測定は，「ユーザーニーズ」という測定困難なものと製品機能の間の適合性を問うことですから，その測定がある程度主観的・恣意的になるのは不可避です。それでも産業財であれば，客先の要求仕様・性能が比較的客観的に明確ですが，消費財の場合は，ユーザーニーズの直接把握が難しいことが問題です。

　自動車の場合は，「顧客満足度」（customer satisfaction）のある種の総合指標を「総合品質」の代理変数とすることがあります。例えば，購買1年後の自動車ユーザーに「今買い替えるとしたらまた同じモデルを選びますか」と聞いてみます。これに対する「はい」の回答率は，そのユーザーの過去1年の製品使用体験を凝縮しているという意味で，「総合品質」（総合商品力）の一つの良い指標といえるでしょう。

　購入直後はいわゆるハネムーン期間です。高価なものを購入した直後や新婚時代は，冷静さを失っている期間ですから，1年後に聞いてみることに意味があるのです。

　最も厄介なのは，「設計品質」の測定です。もちろん，顧客や市場は「設計図」自体の良し悪しを評価することはできません。しかしすでに述べたように，「設計品質」は，仮に製品が完全に設計どおりに機能しているならば，「総合品質」と同義になります。

　一例として，かつて藤本＝クラークが行った，世界の自動車メーカーの「総合品質」（TPQ：総合商品力）および「製造品質」，「設計品質」の測定結果を示します（表6－1）。

6 品質管理

表6－1 総合商品力指数算出の基礎データ（自動車の例）

地域	企業	総合品質（顧客満足度）			適合品質		設計品質							長期市場占拠率	総合商品力指数(TPO)
		Consumer Report (1)	Consumer Report (2)	J.D. Powers	J.D. Powers (1985)	J.D. Powers (1987)	concept	styling	performance	comfort	value for money	overall rank	value adjusted overall rank		
日本	1	○	○	○	○	○	○	●	○	○	○	○	○	○	100
	2	●	○	●						●						40
	3	○	○	○	○	○	●	●	●	●	○	●	●	○		80
	4	○	○	○	○	○	○	○	○	●	○					100
	5	●	●		●	●										25
	6				n.a.	n.a.		●						●		23
	7	n.a.	n.a.	n.a.	n.a.	n.a.	●	●				●	●			58
	8	●	●	○		○										35
アメリカ	9								●	○	●					15
	10			●						●	●					24
	11	●	●	●	○	●	●	○	●	●	●	○	○	○		75
	12	●	●	●		●		●		●			○			75
	13						●	●								14
ヨーロッパ（量産）	14	●	●	n.a.	n.a.	n.a.	●	●	○	●	●	●	●			47
	15	n.a.	n.a.	n.a.	n.a.	n.a.	○	●								39
	16						●	○		○			●	●		30
	17	●					○	○					●			35
	18	●	●			○									○	55
ヨーロッパ（高級）	19	●	●	●	●	●	○	○		●		○				70
	20	○	○	○			●		●	●		●	●			73
	21	○	●	●	●						●		○			93
	22	○	○	○	○	○	●	○	○	○	○	○	○	○		100

列3－5について：○トップ3分の1　　●中位3分の1
列6について：　　○長期的シェアアップ　　●長期的シェア不変

出所：クラーク・藤本（1991），Product Development Performance.

　個々の指標の精度には一部問題もあるので，独立した情報源からたくさんの指標を採集し，その間の整合性をチェックするという形で，80年代半ばにおける世界の自動車メーカー約20社の品質評価を行いました。

　当時，日本企業が組立関連の「製造品質」で競争優位を保っていたことは，この調査でも明らかです。一方，「設計品質」ではヨーロッパ企業がややスコアが高く，この点も当時の常識に合致していました。

3 品質不良の概念

次に，こうした「品質」概念，特に「適合品質」と密接に関係した生産現場の概念である「不良」（defect, failure）について検討してみましょう。

一般に「不良」とは「製品が規格・仕様・図面などの必要事項から乖離していること」であり，乖離している箇所を「欠点」と言います。

それでは，「品質が高い」ということは，すなわち「不良率が低い」ということと同義でしょうか？　そうとは言い切れません。

(1) 外部不良と内部不良

一般に「不良」は，出荷後に市場で見つかる「外部不良」（フィールド不良）と，出荷前に工程内で見つかる「内部不良」（工程内不良）に分けられることに注意してください。

「外部不良率」の水準は，すでに出荷された製品に対する，顧客からの苦情・クレームの発生率によって測定されることが多いです。これに対して「内部不良率」の水準は，工程内で検査などによって発見され，しかるべき是正処置（廃棄ないし手直し）がとられた不良品の率で把握されます。

「外部不良」と「内部不良」は，主に工程内の同じ原因から発生する問題であり，その意味で深く関連し合っています。しかしながら，両者は明確に区別して考えるべきです。

ユーザーの立場から見たときに「品質」概念に含まれるのは「外部不良」だけであり，「内部不良」は含まれません。内部不良は，むしろコストの問題に結びつきます。「内部不良」は，工程内における手直し・再検査・廃棄処分といった活動を通じて，製造コスト（後述の「品質コスト」）を圧迫して，さらには価格アップにつながります。その意味で，消費者の立場から見れば「品質」というよりはむしろ「コスト」に関わる概念なのです。

「品質」と「不良」の関係は，図6-3のようにまとめることができます。

図6－3　品質と不良の概念

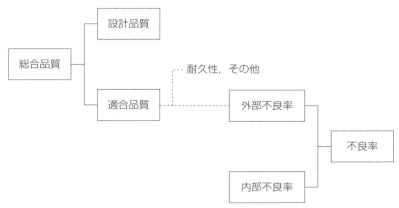

出所：藤本隆宏・東京大学「経営管理」その他の講義資料より作成。

「外部不良」とは，要するに「顧客の目から見て品物が設計どおりにできていない」ということであり，「適合品質が欠如している」ということと基本的には同義です。これに対して，「内部不良」は出荷前に是正されるので，消費者の目に直接触れることはなく，したがって，ここでいう「品質」の構成要素とはいえません。

また，「高い適合品質」は「高い総合品質」の十分条件ではありません。設計品質が優れていなければ，高い顧客満足は得られないでしょう。つまり，「外部不良が少ない」ということは，高い総合品質の必要条件ですが十分条件ではありません。

以上をまとめれば，図で示したように，「不良」という概念と「品質」という概念は，密接に関連してはいますが同義ではないということです。

(2) 工程能力と公差

外部不良と内部不良は，工程内のいくつかの要因，例えば後述の工程能力・検査方法・公差などによって変動します。

まず，「内部不良」と関連の深い「公差」の概念を説明しましょう。

「公差」とは，特定の設計について企業があらかじめ決めておく，「製品の機能上許容しうる最大の寸法（U）と最小の寸法（L）の差」のことです。いわば，「検査において，設計・仕様からのこれ以上の乖離は不良とみなし，これを許容しない」という形で，企業が自らに事前に課す製品検査のルールです。公差から外れる品物は，原則として「内部不良」として処理します。

「公差」に関しては，次の二つの原則が大切です。

第一に，公差は企業が自主設定するものではありますが，あくまで顧客満足を第一とし，顧客（市場）が実際に「不良」と感じる許容範囲を把握したうえで，それをベースにして設定すべきであり，開発や生産の都合で勝手に設定すべきではありません。生産財の場合，顧客が公差を具体的に指定してくることも多くみられます。一方，消費財などの場合は，市場調査などによって顧客の許容誤差の分布をつかむ必要があります。いずれにしても，原則として，企業の設定する公差は，顧客自身の許容水準より厳しい必要があります（日本企業は顧客を見ずに厳しい公差を設定して，過剰設計に陥る傾向があるので要注意）。

　第二に，いったん顧客本位で公差を決めたら，これをみだりに変更せず，公差を外れる製品は徹底して市場に流さないということが，顧客の信頼を得るためにも必要です。厳しい公差（厳しい検査）によって内部不良がたくさん出るからといって，安易に公差を緩めたりしてはいけません。

　「工程能力」（process capability）とは，適合品質に関するその工程の能力，あるいは工程の均一性（uniformity）のことです。「工程能力」は，工程自体の属性に関して直接測定されることもありますが，より一般的なのは，その工程から出てくる製品の属性（例えば寸法）のばらつきを測定することによって間接的に知るものです。したがって，例えば製品の公差より金型の公差，金型の公差より金型加工機の公差を高くする必要があります。

　ある工程である製品を量産する場合，製品寸法など管理の対象となる属性（品質特性）に関する実際値は，通常，目標値の周りのある範囲にばらつきます。その出現頻度を棒グラフにした「ヒストグラム」で表される品質属性の「ばらつきの小ささ」で，「工程能力」を測定できます。一般に品質属性の分布は，平均値と標準偏差（σ：シグマ）で要約できますが，慣例として，工程能力は平均値プラスマイナス3σ，あるいは単にその幅をとって両側6σの値で表されます。正規分布を仮定すると，品質属性の値が6σの範囲から外れる確率は約0.3％です。つまり，正規分布の中心からプラスマイナス3σの限界ラインから外れる両端部分の面積が，全体の約0.3％ということになります。

　「公差」との相対関係で「工程能力」を示した指数を，「工程能力指数」（process capability index）と言います。例えば，許容値に上限下限の両方を

設定する場合，「公差」($U-L$) を「工程能力」(6σ) で割ったものが，「工程能力指数」です。

工程能力指数が1であるということは（正規分布を仮定し，また検査が完全だとすると），製品のある品質特性の値が許容範囲を超える確率，すなわち「内部不良率」がほぼ0.3％だということです。仮に，0.3％程度の工程内不良率は経済的に見て適当と考えられるならば，工程能力指数が1以上なら工程能力は十分であり，逆に1以下なら何らかの工程能力改善の是正措置が必要ということになります。

ここではまず，一般消費者が顧客である消費財のケースを考えてみましょう。顧客の品質許容範囲には個人差があり，許容ライン自体が統計的にばらつくのが，その特徴です。

まず，完全な検査，つまり，測定誤差のない全数検査を仮定してみます（図6-4）。

この場合，内部検査合格率のカーブは，「公差」を境に1から0へと不連続に飛んでいます（左下）。

内部合格品のヒストグラムは，単に「工程能力」を表すヒストグラムの両端を公差のところで切り落とした形になります（中上）。切り落とされた部分（網

図6-4　完全検査の場合

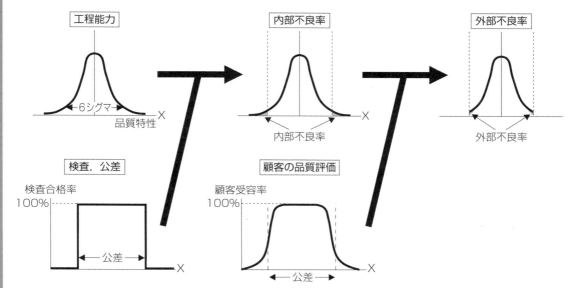

出所：藤本隆宏・東京大学「経営管理」その他の講義資料より作成。

掛け部分）の面積比が，「内部不良率」に対応します。

　ところが，顧客の品質許容範囲にはある程度個人差があり，ばらついていますから，市場でその製品が「合格」とされる確率は，図（中下）のようになだらかなカーブとなるでしょう。

　したがって，市場でクレームのつかない製品（外部合格品）の分布は図（右上）のようになり，市場で不合格とされた分（斜線部分の面積比）が「外部不良率」となります。

　無検査の場合（図6-5），「内部不良率」は言うまでもなくゼロになります（中上；検査なくして内部不良なし）。一方，「外部不良率」は，「工程能力」と市場における外部合格率カーブによって決まってきます。「工程能力」が，顧客の許容範囲の内側に完全に収まるほど高ければ，そもそも検査は不要ですが，そうでない場合，検査をしないことによって，フィールドでの外部不良率は高くなるおそれがあります。

　以上は消費財を想定した分析ですが，部品・産業財の場合は，顧客が企業であり，顧客（企業）による受け入れ検査等のやり方（顧客の設定する公差，全数検査か否か等々）によって外部不良率が決まってくる点が，消費財の場合とは若干異なります。

図6-5　無検査の場合

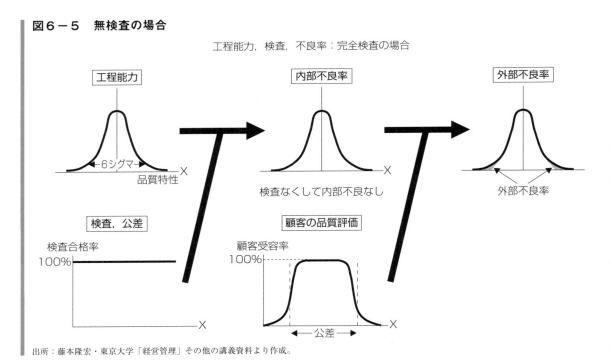

出所：藤本隆宏・東京大学「経営管理」その他の講義資料より作成。

(3) 検査と品質作り込み

　顧客の品質許容範囲のばらつきを所与として，品質の面から考えて最優先事項である「外部不良率」の低下を図るためには，供給者自身が「公差」を十分に厳しくして，かつ検査精度を上げることが必要です。しかし，「公差」を厳しくすれば「内部不良率」が上昇し，それだけスクラップ・手直し・再検査などのコストが上昇してしまいます。つまり，「公差」に関しては「外部不良率」と「内部不良率」の間にトレードオフの関係が存在します。

　一方，「公差」と検査精度を一定とした場合，「工程能力」が上がれば「内部不良率」は下がりますし，「外部不良率」も下がります。つまり，トレードオフにはなりません。

　以上をまとめると，「内部不良率」と「外部不良率」のレベルは，「工程能力」，「公差」，「検査方法」，「顧客の品質許容範囲のばらつき」などによって規定されます（図6-6）。

　その中で，「工程能力の向上」が外部不良率・内部不良率双方を逓減させる決め手であり，逆に，工程能力の向上なしに，公差や検査方法を厳しくするだけでは，外部不良率は下がってもコストが上昇する（内部不良率が上昇する），というジレンマを抱え込むことになります。

　事後的な検査能力の向上より，「品質の作り込み」による作業段階での工程能力の向上のほうが，相対的に有効だと言えるでしょう。

図6-6　内部不良と外部不良（工程能力，公差のインパクト）

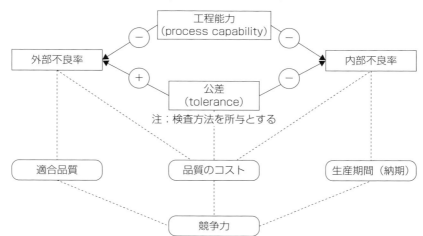

出所：藤本隆宏・東京大学「経営管理」その他の講義資料より作成。

4　品質のコスト

　「品質のコスト」（cost of quality）とは，「直接的，間接的に，不良品を作ることに伴うコスト」のことです。したがって厳密に言えば，「品質のコスト」というよりは，むしろ「不良のコスト」と呼ぶべきものであると考えられます。
　不良品には，前述の「内部不良」，「外部不良」の双方が含まれています。こうした不良品対策のコストに，「検査コスト」と「予防コスト」を加えたものが，「品質のコスト」になります。その内訳は，次のとおりです。

① 　内部不良対応コスト：スクラップ・手直し・再検査・ラインストップによるダウンタイム等のコスト，歩留まりロス，不良品処分の判定コスト，設計変更コストなど
② 　外部不良対応コスト：苦情対策費（調査，是正措置），返品・再納品コスト，ワランティコスト，値引きコスト，フィールドでの修理コストなど
③ 　検査（appraisal）コスト：部品受け入れ検査コスト，ライン検査・最終検査コスト，試験設備の保全コスト，検査材料費（破壊検査など），倉庫内検査コストなど
④ 　予防（prevention）コスト：品質計画コスト，新製品デザインレビュー費用，作業者訓練コスト，プロセスコントロール費用，予防保全コスト，品質データ収集・分析コスト，品質レポートとりまとめコスト，品質改善プログラム費用など

　これらの合計である「品質のコスト」に，不良品ゼロの場合の製造コスト（no failure cost）を加えたものが，実際の製造原価となります。
　品質とコストの関係をどのような曲線で表すかは，コストとして何を計上し，品質として何を測定するか，あるいはコストをどのように推定するかによって異なってきます。
　適合品質を上げよう（外部不良率を下げよう）とすれば，「検査コスト」と「予防コスト」（特に前者）は逓増的に上昇しますが，他方で「不良対応コスト」は減少します。

そのトータルの効果として,「U字型」の品質コストカーブを想定するのが伝統的な考え方でした(図6-7のa.)。この場合,品質コストが最低となる「最適の外部不良率」が存在することになります。

しかし,TQC(全社的品質管理)に代表されるように,「検査」よりも「予防」に活動の重点が移り,また全員参加の品質改善によって,比較的に低コストでの不良予防ができるようになると,「検査+予防」コストカーブの傾きが緩やかになります。一方,品質に対する市場の評価が厳しくなり,品質低下に対するペナルティが大きくなると,「不良対応コスト」の傾きはきつくなっていきます。

この結果,「適合品質を上げればトータルの品質コストも単調に下がる」という新しい品質コストカーブが出現する可能性があります(図6-7のb.)。こうなれば,不良品ゼロのときに品質コストは最低になります。全社的品質管理のパラダイムにおいて「不良品ゼロ」が目標とされるのは,こうしたロジックによるものです。

実際には品質コストの推定は難問です。80年代のアメリカ企業の場合,付加価値率65%程度の標準的企業を想定した場合,品質コストは売り上げの10%程度というのが一つの目安でした。これに加えて,外製比率35%のうち,品質コスト対応分は5%程度が目安ですから,トータルの品質コストは,合計で売上高の15%程度と推定されていました。

品質アップがコストアップにもなってしまうなら,トレードオフ関係(あち

図6-7 最適の不良率? 不良はゼロがベスト?

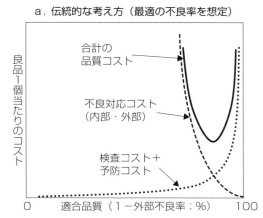
a. 伝統的な考え方(最適の不良率を想定)

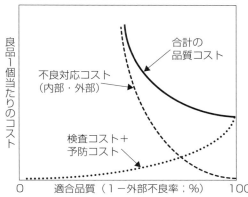
b. 新しい考え方(不良率ゼロを最適と考える)

出所:Juran, J. M. and Gryna, F. M. *Quality Control Handbook*: 4th ed., McGraw Hill

らが立てばこちらが立たず）があるということになります。しかし，品質アップが，コストダウンにもつながる場合（いいとこどり）もあり得ます。

例えば，設計品質だけに注目し，技術水準を一定と仮定し，同一企業内のみを考えれば，高い設計品質と高いコストは連動する傾向があり，すなわち製品コストと設計品質の間にトレードオフの関係があると想定して問題ないでしょう。設計品質を高くしすぎて，それに伴うコスト増分が価格増分を上回ることを「過剰設計」といいます。こうしたトレードオフを乗り越えようとするのが，例えば VA/VE です。

一方，品質の指標として「適合品質」あるいは「不良率」をとる場合，品質とコストの関係は全く異なる形になる可能性があります。

すでに見てきたように，適合品質が上がれば，検査コストと予防コストは上昇しますが，不良対応コストは低減します。検査主体の伝統的パラダイムを前提にすれば，合計の品質コストは，「U字型」になる可能性が高いですが，不良予防と作り込み主体の TQC の考え方によれば，適合品質の向上とコスト低下は両立します。

「予防・作り込みの考え方」は，「不良率は際限なく下げていく方がよい」という「不良ゼロ化（ZD）」思想につながります。例えば，アメリカのクロスビーは，予防や検査による不良低減はあまりコストアップせずに可能であり，したがって，不良対応コストが品質コストカーブ全体の形を決めてしまうと論じ，「Quality is free」（品質はただで買える）と主張しました。

このように，品質とコストの関係は，何を仮定するかによって，右上がり，右下がり，「U字型」とさまざまな形になる可能性があるために，前提条件を明確にしつつ議論を進める必要があります。

いずれにしても，アメリカの PIMS というデータベースによれば，「顧客に知覚された品質」（perceived quality）が高いほど，結局は利益率が高い，という結果が出ています。つまり，品質を高めることが，結局は利益につながるということです。

5 品質管理

(1) 品質管理とは

　品質管理（Quality Control）とは，文字どおり，「品質」を「管理」することであり，「原価管理」，「工程（納期）管理」とともに，競争力向上のための生産管理の一領域です。

　すでに見たように，品質の概念は，「総合品質」とその構成要素である「設計品質」と「適合品質（製造品質）」からなります。とすれば，品質管理でも「総合品質管理」，「設計品質管理」，「適合品質管理」などが対応するはずです。

　「総合品質管理」は，自社の製品を通じた顧客満足を維持・向上するための総体的な企業活動ということになり，その下に，①顧客ニーズをそれに適合した設計パラメータに翻訳する「設計品質管理」と，②設計どおりに実際の製品を作るための「適合品質管理（製造品質管理）」が属します。

　しかし，品質管理と言った場合にはほとんどが「適合品質管理」のことをさします。後述のTQC（Total Quality Control）も，直訳すれば「総合品質（TQ）の管理（C）」ですが，事実上その管理対象は多くの場合，生産現場における「適合品質」であり，「それに全社的に取り組む」という意味での「全社的（T）な適合品質管理（QC）」というのが実態に近かったといえます。

　一方，「設計品質管理」とは，ある意味では「製品開発」そのものにほかなりません。製品開発活動の一環として論ずるべきものです。そこで本書では，「適合品質の管理」のみに焦点を絞り，「設計品質」あるいはそれを含めた「総合品質」の管理・改善については触れません。

　「品質管理」の分野では，「管理」という行為を「PDCA（Plan-Do-Check-Action）サイクル」，すなわち「計画→実行→成果確認→是正措置」の繰り返しとして捉えるのが基本です（これはデミングが日本に紹介したことから「デミング・サイクル」とも呼ばれます）（図6-8）。

　こうした管理サイクルは，きわめて古典的な経営管理論が論じていた概念であり，経営学の教科書では，冒頭の方でごく簡単に紹介されるだけのことが多いのですが，実践的な工場管理では，むしろこうした古くてシンプルなコンセプトが重視されてきました。

図6−8　PDCAサイクル（Plan-Do-Check-Action）

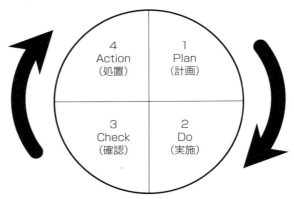

出所：藤本隆宏・東京大学「経営管理」その他の講義資料より作成。

「品質管理」のほかに，「品質保証」（quality assurance）という言い方もあります。「品質管理」が「生産者の立場から品質をコントロールする」という意識に基づくのに対して，「品質保証」は，「顧客の立場に立ち，製品を通じて顧客満足を保証し，これによって顧客の信頼を得ること」と説明されることが多くあります。

しかし，ニュアンスの違いはあっても，「品質管理」と「品質保証」はともに，究極的には顧客志向の活動であって目的は変わりませんので，ここではその違いを意識しないことにします。

(2) 検査と品質作り込み

適合品質とは，製品設計図面（発信側）から製品（受信側）へ，設計情報が正確に転写されているかを示す尺度と考えられます。そう考えるならば，適合品質の管理・改善の手段は，通信理論の例から，以下のように分類できます。

① 発信源である機械・作業者の設計情報ストックの質を保つこと（設備保全，作業者訓練）。
② 情報転写プロセス（加工作業）に混入するノイズの除去（整理・整頓・清掃，ポカヨケなど）。
③ 検査，すなわち製品側で受信された情報と，発信された情報の事後的照合。
④ そもそもノイズに強い設計情報にすること（製造性重視の製品設計，品質工学）。

⑤ 設計情報を受信・吸収しやすいような媒体＝素材をあらかじめ選択すること（材料設計）。

また，ものづくりのプロセスに沿って言うならば，品質管理の活動は，加工作業前の不良発生の予防，加工後の検査，検査後の内部不良対応，出荷後の外部不良対応に分かれます（品質のコストの項を参照）。

こうした品質管理の構成要素が，生産工程の中でどのように機能しているかを見るため，次の工程フローダイアグラムを見てみましょう。ここでは，設計情報の流れに沿って，徐々に上流の発信源にさかのぼって品質改善を行う，という展開手順で説明します。以下は，あくまで議論を明確にするための仮想例なので，実際の品質管理がこの順序で展開されるとは限りません。

二段階の加工からなる工程フローを想定します。材料に体化した情報 M に加えて，第 1 工程で A，第 2 工程で B という製品設計情報（付加価値）が転写され，$[M+A+B]$ なる情報を持った製品が出荷され，市場で消費されることが期待されるとしてみましょう。単純化のために，この製品設計自体には問題がなく，顧客はすべてこれに満足するものと仮定します。

(1) **無検査**

　仮に，この工程に検査作業がまったくないとすると，間違った設計情報（不良）が消費者に発信される可能性としては，受け入れ材料の不良（$M'+A+B$），第1作業のミス（$M+A'+B$），第2作業のミス（$M+A+B'$），およびそれらの組み合わせが考えられます。部品の数が増え，工程連鎖が長くなればなるほど，こうした誤差の累積効果は大きくなります。

　このケースでは，検査がないので，すべての不良は市場に発信され，顧客からの苦情，返品，補償，信用失墜などの結果を招きます。

図6-9　検査と作り込み（1．無検査）

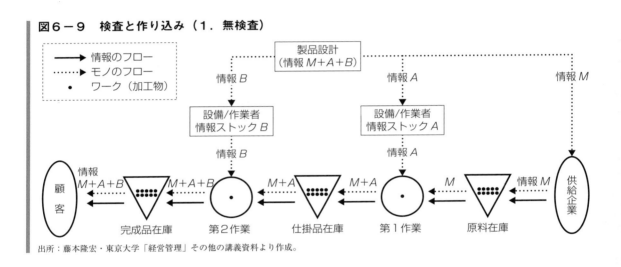

出所：藤本隆宏・東京大学「経営管理」その他の講義資料より作成。

(2) 出荷検査

次に，無検査では困るので，出荷検査（最終検査）をして，$[M+A+B]$ 以外の情報を持った製品は出荷前にはねることにしたとします。検査基準が甘いか，検査が不正確なときには，不良品が出荷されるリスク（外部不良率）は残りますが，検査が完璧で基準が十分に厳しいなら，理論上は市場での適合品質は完全となり，外部不良コストはなくなります。

しかし，不良品の原因である作業や材料の不良が手つかずのままであるかぎり，検査工程ではねられるものの割合（内部不良率）が上がり，手直しやスクラップの費用（内部不良コスト）がコスト競争力を圧迫してきます。特に，はじめから不良な材料（M'）に，設計情報（$A+B$）をほどこしてから結局検査ではねられたなら大きなムダになります。

しかも，すべての工程が終わったのちの検査なので，不良が見つかったときには，その原因が A' なのか，B' なのか，あるいは M' なのか，わかりにくく，手直しのコストが上昇する傾向があります。例えば，自動車組立ラインで，エンジンを搭載してからエンジン不良が発覚する場合を考えてみてください。

図6−10　検査と作り込み（2．出荷検査）

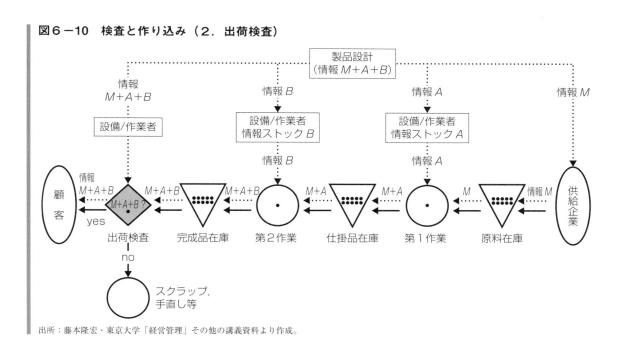

出所：藤本隆宏・東京大学「経営管理」その他の講義資料より作成。

(3) 受け入れ検査・工程内検査

次に，受け入れ検査と工程内検査を加え，検査体制を強化してみます。

検査の厳しさ，正確さにもよりますが，少なくとも，不良な材料やワークに付加価値をつけてしまうムダは減少し，不良の原因特定や手直しが容易になる可能性があります。

こうして，内部不良対応のコストは下がりますが，当然ながら検査のコストは上昇します。そこで，完全だけれどコストが高い検査（**全数検査**）や，不完全でもコストの安い検査（**抜き取り検査**）などの中から，検査方法を選ぶといった課題が発生します。検査方法とその選択については後述します。

図6-11　検査と作り込み（3．受け入れ/工程内検査）

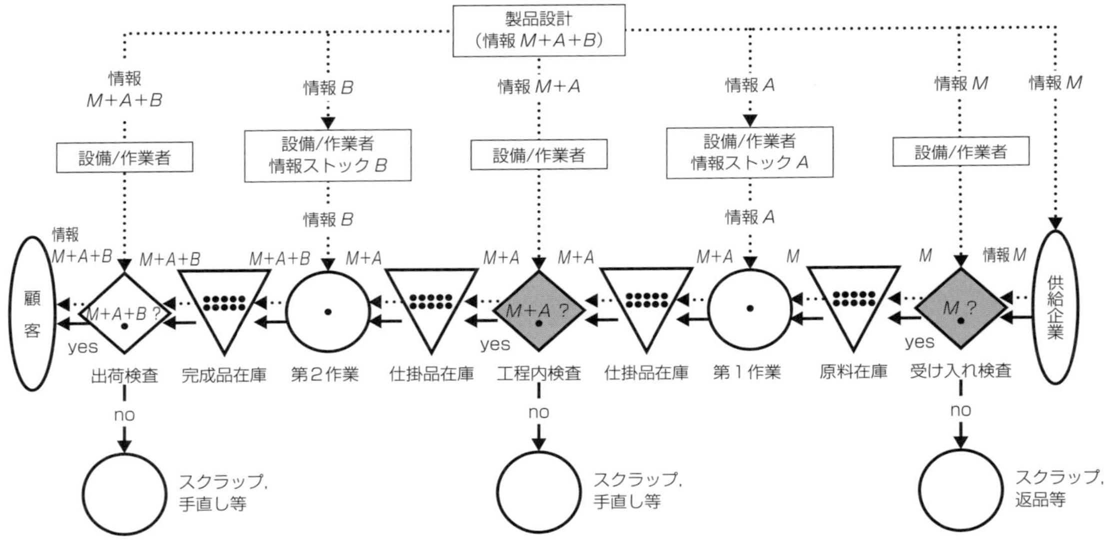

出所：藤本隆宏・東京大学「経営管理」その他の講義資料より作成。

(4) フィードバックと品質改善

さてこれまでのところ，検査の役割は単に不良品の選別でしたが，これを一歩進め，検査工程から加工工程へ情報のフィードバック・ループを設定します。これによって，不良品の情報分析，原因特定が行われ，その情報を原因工程に伝達することで作業改善を勧告できます。検査工程は改善サイクルの中に取り込まれ，検査工程で発生する情報が有効利用されるようになります。結果として，作業改善のための予防コストは上昇しますが，工程能力アップなどによって，内部不良対応コストは下がることが期待できます。

例えば，不良が見つかったらラインを止め，リーダーが上流の発生工程まで行って伝え，品質を確認しながら下流の持ち場工程に戻るなどの方策も一例です。

図6-12 検査と作り込み（4．フィードバックと品質改善）

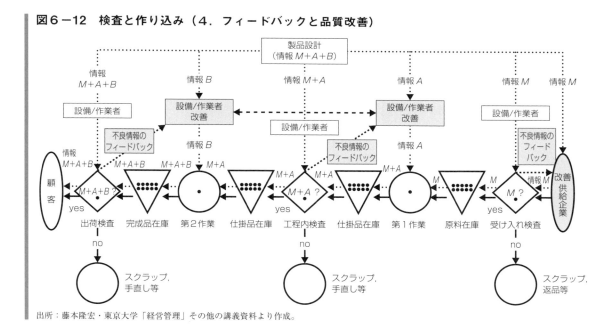

出所：藤本隆宏・東京大学「経営管理」その他の講義資料より作成。

(5) 1個流し

　ここまでは，ある程度の仕掛品在庫を設定してきましたが，こうした在庫がない「1個流し」の方が品質管理上は有利であると言えます。

　例えば，1分サイクルの工程で，第1工程のあとに仕掛品が10個あるとします。在庫が先入れ先出しで流れるとすれば，工具の破損などによって発生した第1工程を原因とする不良が第2工程で検知されるのは，不良作業発生後11分後になります。その間，第1工程が不良を作り続けていたとすれば，そこであわてて止めても，少なくとも11個の不良品が溜まっています。

　仮に作業不良が1回限りの偶発的なものだったとしても，気がついたときにはすでに10分以上経過しており，そのとき起きた出来事をたどりなおして不良の原因を元から断つことは，それだけ難しくなります。

　もちろん，加工や運搬のコストとの兼ね合いもありますが，品質管理・改善の観点からは，「1個流し」が有利です。いわば，現行犯逮捕できるからです。

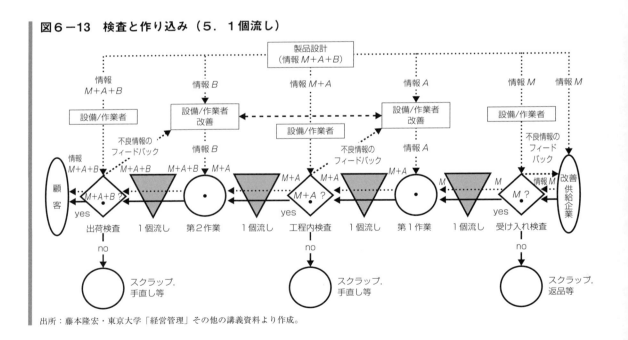

図6-13　検査と作り込み（5．1個流し）

出所：藤本隆宏・東京大学「経営管理」その他の講義資料より作成。

(6) 自主検査

これまでは，検査工程は加工工程と分離し，別々の要員を配置する方式を見てきました。しかし，加工工程の作業員が自ら検査を行うことはできないでしょうか？　つまり，**自主検査，作業内検査**です。日本の自動車メーカーなどでは，この方式が，高い適合品質の源泉の一つとされてきました。

自分の出した不良を自分で検査させるのですから，この方法は作業員に対する信頼あるいは性善説，さらに，作業員の多能工化を前提としています。しかし，作業設計，設備設計次第では，比較的コストをかけずに全数検査ができる，また「不良発見－原因分析－作業改善」のループがさらに短縮できる，などのメリットがあります。

図6-14　検査と作り込み（6．自主検査）

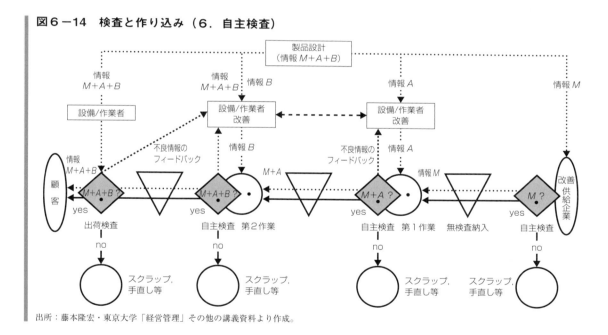

出所：藤本隆宏・東京大学「経営管理」その他の講義資料より作成。

(7) 不良の予防

さらに設計情報の流れをさかのぼれば，そもそも不良情報を発信しないようにする，あるいは通信中（作業中）におけるノイズの混入を防ぐなどの工夫が考えられます。工程におけるノイズとしては，切り粉，油，ほこり，振動，電圧変化などが考えられます。いずれにしても，ノイズ除去の基本動作が重要になります。

その基本は「整理・整頓・清掃・清潔（4S）」といわれます。すなわち，「不要なものを分別して取り除くこと」（整理），「工具などを整然と置いていつでもすぐに使えるようにしておくこと」（整頓），「ゴミや異物を職場から取り除くこと」（清掃），「目で見る管理や標準化により整理・整頓・清掃のよい状態を保つこと」（清潔）です。これに「躾」（意識付け），つまり，以上の目的に対して各自が責任感を持った規律ある職場を実現することを加えて「5S」ということもあります。

また，間違った設計情報を流そうとすると（例えば折れた刃具で加工しようとすると）自動的に機械が止まってしまう，いわゆる「自働化」，不良な作業や不良な材料では次の作業が物理的に不可能になるような「ポカヨケ」，品種情報をバーコードなどで読み取り，必要な部品を自動的に指示して誤欠品を防止するシステム，その他，地道な作業改善が，不良を「発信」の段階で断つための方策として考えられています。

さらに，作業における情報発信源である作業者，設備，治工具，金型などに蓄積された情報ストックを維持，安定化させる手段としては，**現場での作業標準票の整備，作業者の教育・訓練，予防的な設備保全**などがあります。

6 品質管理

図6-15 検査と作り込み（7．不良の予防）

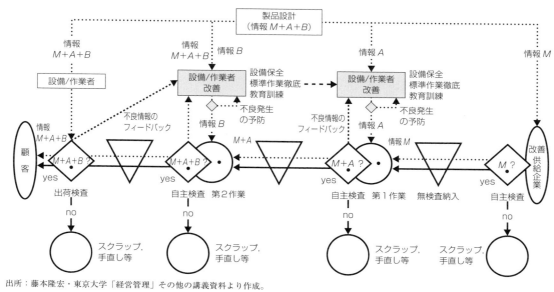

出所：藤本隆宏・東京大学「経営管理」その他の講義資料より作成。

6　検査の方法

▌(1)　検査工程の設計

　JISの定義によれば,「検査」(inspection) とは,「品物を何らかの方法で試験した結果を,品質判定基準と比較して,個々の品物の良品・不良品の判定を下し,またはロット判定基準と比較して,ロットの合格・不合格を下すこと」とされています。

　検査方法には,いくつかのタイプがあります。

　検査の対象から考えると,①購入材料・部品に対する「**受入検査**」,②工程内の仕掛品に対する「**工程内検査**」,③出荷前の完成品に対する「**最終検査(出荷検査)**」があります。

　また,①「**個別品単位の検査**」,すなわち,品物1個1個に対して個別に検査する場合と,②「**ロット単位の検査**」,すなわち同種の品物の集まりである「ロット」に対して,その中の「代表者」(サンプル)のみを検査し,それが不合格であればロット全体を不合格にする場合に分けられます。

　検査のための測定データの性質から見ると,①良品か不良品かを○×,つまり白か黒かで判定し,あるロットの合格・不合格を不良品率によって判定する場合,それは「計数的」な検査です。後述の抜き取り検査の例は,計数的検査になります。②一方,その製品の属性(例えば寸法,重さ,比重,純度)を連続量として測定して分布をとり(ヒストグラム),公差(許容値)と比較してロットの不良率を測定・評価する場合には「計量的」な検査です。例えば,すでに述べた工程能力と公差の議論は「計量的」検査が前提となっています。

　さらに,不良品を廃棄(スクラップ)にするか,手直し(リワーク)に回すかでも,検査設計は異なります。スクラップならば製品原価に相当するロスが出,手直しならば手直しの加工コストがかかり,それぞれその経済効果は違います。

　検査の頻度・密度から考えると,次のようなものがあります。

①　**全数検査**：不良品を出すことが非常に高くつく場合に行われます。ZD(不良ゼロ)指向の検査方法で,日本のTQC先進企業,例えばトヨタ自

動車などでは多用されています。

② **ロットの最初と最後のサンプル検査**：段取替が品質のカギを握っている場合，あるいは，高速生産（プレスなど）で検査のスピードがついていけない場合などに適用されます。

③ **抜き取り検査**：主にロット納入の部品・原材料の受け入れ検査に使われます。受け入れ部品からランダムに一定数を抽出，その中の不良数が一定以上なら，ロット全体を不合格とし，それ以下なら，ロット全体を合格とする検査方法です。不合格のロットは全数検査して，良いもののみを後工程に回すのが一般的です。検査コストが不良コストに比べて高いとき，全数検査が単調でミスが出やすいとき，検査によって製品が壊れてしまうときは，抜き取り検査が有利になります。抜き取り検査は，検査コストの節約，単調な検査労働の軽減，検査による製品損傷の低減などのメリットがありますが，ある程度の不良品が見逃されて後工程に流れてしまうのは仕方がないとする組織風土を生み出しやすいので注意が必要です（図6－16）。

④ **管理図による検査**：いわゆる「管理図」を使い，ある基準で設定された「管理限界」を超えるサンプルのみを「見逃すことのできぬ原因」に基づく不良として問題とし，「管理限界」以内の変動は偶然と考えるものです。管理図は，製品や工程の変動の中で，見逃すことのできない「必然的・慢性的な原因」に基づく乖離を，偶然に基づく乖離から区別し，前者の改善に集中することを目的とした図です（図6－17～19）。

図6－16は，抜き取り検査の基本的な考え方を示したものです。

図6－16　計数抜き取り検査の方法

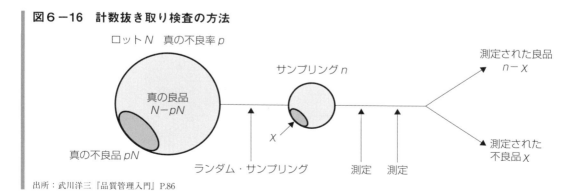

出所：武川洋三『品質管理入門』P.86

要するに，ロットサイズNの部品の中に，「真の不良品」がp%（直接は観察できませんが）入っているならば，真の不良は$p\times N$個であり，それは完全な全数検査をすれば全部わかるものとします。

しかし，なんらかの理由で全部を検査することができない，あるいは割に合わない場合に，その中からn個を無作為（ランダム）に抜き出して，それらについてのみ検査した結果，不良品がn個中でx個見つかったとしましょう。

この結果から，もともとの「真の不良率」を推定し，その推定された不良率に応じた対応をしよう，というのが，抜き取り検査の基本的な考え方です。

管理図とは，横軸にサンプルナンバー（1～m），縦軸に測定データの統計量，例えば各サンプル平均（x），範囲（R），不良率（p），不良個数（c）などをとったもので，何をとるかで，xチャート，Rチャート，pチャート，cチャートなどと呼ばれています（図6-17）。いずれにしても，通常はデータのばらつきが平均プラスマイナス3δの外にくる場合は，母集団の異なる異常値とみなします。この考え方に対応した「管理限界」を設定して，観測値がそこから外れた場合にのみ分析・是正のアクションをとり，それ以外は偶然と割り切ります。

管理図の原データとしては，製造物のロットの中からn個まとめて（通常4～5個）抽出してこれを1サンプルとし，こうしたサンプルをm個用意して，サンプルナンバーをつけます。次に，各サンプルについて，品質管理の対象になる属性（例えば寸法）を選んで，例えば図6-18のようにその平均xと範囲Rを測定します。

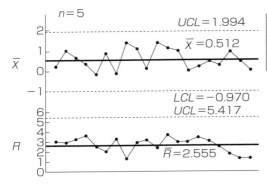

図6-17 $\bar{x}-R$管理図の例 （粉末の充填量 単位：グラム）

注：基本的なデータと管理限界の計算根拠は以下のとおり。

観測1回当たりのサンプル数（n）=5
観測回数20回
サンプルの平均$\bar{x}$の平均（$\bar{\bar{x}}$）=0.512
範囲（R）の平均（$\bar{R}$）=2.555

以上から推定される母集団の標準偏差
=2.555÷2.326=1.10
これに対応する$\bar{x}$の上方管理限界
=0.512+2.555×0.577=1.994
これに対応する$\bar{x}$の下方管理限界
=0.512−2.555×0.577=0.970
範囲（R）の上方管理限界=2.555×2.115=5.417
係数（2.326，0.577，2.115）は，管理図用係数表の「$n=5$」の欄から引用した。

出所：武川洋三『理工系学生・技術者のための品質管理』
管理限界算出の統計的根拠についても同書を参照されたい。

図6-18 $\bar{x}=R$ 管理図（データシート）

```
                    x̄-R管理図データ・シート
品名      ：ゴム板#500    サンプリング日時：9/1～9/12
品質特性   ：厚さ          測定者         ：KK
サンプリング場所：PC2号機
```
（5個サンプリング／平均／範囲）

群番号	日付	X_1	X_2	X_3	X_4	X_5	$\bar{X}$	R
1	9/1	4.6	5.2	5.2	5.2	5.2	5.08	0.6
2		5.0	5.1	5.2	5.0	5.0	5.06	0.2
3	2	5.2	5.0	5.1	4.9	5.1	5.06	0.3
4		4.9	4.9	4.7	5.3	5.2	5.00	0.6
5	4	4.7	5.3	4.9	5.0	4.9	4.96	0.6
6		5.2	5.0	5.0	4.9	4.8	4.98	0.4
7	5	4.9	5.2	5.3	5.2	5.2	5.16	0.4
8		5.2	4.8	5.2	4.9	4.8	4.98	0.4
9	6	5.2	4.9	4.9	5.4	4.8	5.04	0.6
10		4.9	5.2	5.2	4.9	5.1	5.06	0.3
11	7	5.0	5.0	5.2	5.1	5.2	5.10	0.2
12		5.2	5.1	5.0	5.0	4.9	5.04	0.3
13	8	4.8	5.0	5.1	5.1	4.8	4.96	0.3
14		5.2	4.8	4.8	5.1	5.0	4.98	0.4
15	9	4.8	4.8	4.8	5.2	5.1	4.94	0.4
16		5.1	5.0	5.1	4.8	4.7	4.94	0.4
17	11	5.2	5.0	5.2	5.2	4.9	5.10	0.3
18		5.2	5.2	4.9	4.9	4.8	5.00	0.4
19	12	4.9	5.1	5.2	5.0	4.9	5.02	0.3
20		4.6	5.1	5.0	5.1	5.0	4.96	0.5
合計							100.42	7.9
平均							$\bar{\bar{x}}=5.021$	$\bar{R}=0.395$

出所：藤本隆宏・東京大学「経営管理」その他の講義資料より作成。

図6-19 $\bar{x}-R$ 管理図表の例

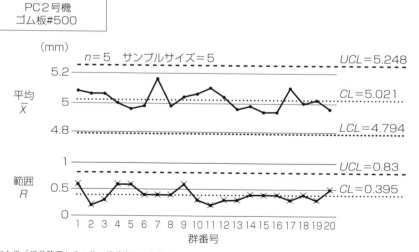

出所：藤本隆宏・東京大学「経営管理」その他の講義資料より作成。

図の例では，n は5個，m は20回です。

最も一般的な「$\bar{x}-R$ 管理図」の例を示します（図6-19）。これは，n 個の

サンプルの平均と範囲を計算してグラフにプロットし，範囲のデータから母集団の標準偏差を推定し，それに基づいて管理限界（上限＝UCLと下限＝LCL）を設定するというものです。

要するに，検査の設計とは，以上説明してきたような選択肢の中から適切な検査方法を選び，検査基準などのパラメータを選び，各検査工程の詳細設計を行うということです。

(2) 検査と品質コスト

検査の方法を考える場合，前述の「品質コスト」は重要な判断基準の一つになります。検査のコストと不良対応のコストは検査方法によって異なってきます。

ここで，ある部品の受け入れ検査を考えてみましょう。全体の生産ロットサイズ＝N，抜き取り検査のサンプルサイズ＝n，ロットの真の不良率＝p，検査に基づくロットの合格率＝g，1個当たり不良品コスト＝F，1個当たり検査コスト＝I，全体の品質コスト＝Cとします。このとき，

① 無検査：$C = N \cdot p \cdot F$（検査コストはゼロ，不良コストのみ）
② 抜取り検査：$C = n \cdot I + g \cdot (N-n) \cdot p \cdot F + (1-g) \cdot (N-n) \cdot I$
③ 全数検査：$C = N \cdot I$（よくわからなければ，計算はとばして結論に進んでもかまいません）

ただし，第1項は抜き取り検査のコスト，第2項は検査で合格したロットから出る不良品への対応コスト，第3項は検査不合格のロットを全数検査するコストです。

ここで，抜き取り検査と全数検査のどちらが安上がりかを考えてみましょう。二つの方法のコストが同じになるブレークイーブン点において，

$$NI = nI + g(N-n)pF + (1-g)(N-n)I$$

途中の計算は省略しますが，要するに，この仮定の下では，$p = I/F$が分岐点となります（図6-20）。

つまり，そのロットの不良率（p）が，「品物1個当たり検査コスト÷品物1個当たりの不良対応コスト」より大きいと推定されるならば，全数検査をしたほうがよいでしょう。小さいと推定されるならば，抜き取り検査，無検査といった代替案を考慮しても構いません。仮定の入ったモデルのうえでの話ですが，直感的には正しく，一つの目安にはなると思います。

例えば，ある製品の1個当たり検査コスト（I）が50円，1個当たり不良対

図6-20 検査方法とコスト

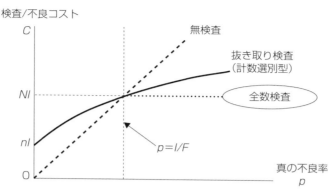

注：手直し費用はゼロと仮定。
出所：藤本隆宏・東京大学「経営管理」その他の講義資料より作成。

応コスト（F）が1,000円だとすると，「検査コスト÷不良対応コスト」は5％です。これが一つの目安の数字になります。

　仮に，現場を調べたところ，そのロットの本当の不良率（p）が5％以上あると推定されるなら，全数検査が無難です。逆に，現場で調べた本当の不良率が5％より十分に低いならば，抜き取り検査，あるいは無検査が，少なくともコスト的には安上がりになる可能性が高くなります。無検査は危ないと考えるなら，とりあえず抜き取り検査を検討してみてください。

　ここで重要なのは，不良対応コスト（F）が，検査コスト（I）に比べて非常に高い場合は，よほど不良率が低くない限り，全数検査が基本になるということです。出荷検査の場合，客先に1個でも不良品を流せば信頼関係に大きなダメージになると考えるならば，原則として全数検査ということになります。例えば，検査コストが50円，不良対応コストが100万円で，ロットの不良率が50ppm（0.005％）以上ありそうなら全数検査するべきです。

　一方，検査コスト（I）が非常に安い場合も，全数検査が選ばれやすくなります。全社的品質管理（TQC）を重視してきた日本企業の考え方は原則的にこれであり，多能工による品質作り込み，つまり作業者自身による品質チェックによって安上がりな全数検査を指向しています。

　逆に，作り込みによって不良率（p）が極端に低くなっている場合は，抜き取り検査，無検査の可能性も出てきます。要するに，推定される不良率（p），検査コスト（I），不良対応コスト（F）の関係を簡単にチェックし，一つの目安とするのです。

7　TQC-TQM

(1) TQCの概念と実際

次に，おもに20世紀後半の日本で発達したTQC（全社的品質管理）の考え方を説明します。

伝統的な「統計的品質管理（SQC）」は，抜き取り検査や実験計画などを柱としており，特に検査設計の最適化という側面が重視されてきました。これに対し，戦後日本の加工組立メーカーに多く見られたTQC（全社的品質管理），ジャスト・イン・タイムの生産思想では，ある工程内不良率を前提にした検査の最適化よりも，むしろ工程内不良率そのものの低減，すなわち「品質の作り込み」と，「作業内全数検査」に重点が置かれました。そのねらいは，工程能力の改善です。

TQCの基本には，以下の4方策があります。

① そもそも不良を出さない（全員参加型の設備保全，標準作業の徹底，ポカヨケ，自働化，整理・整頓・清掃等）。

② 不良をできるだけ作業ステーションの中から外に出さない（自主検査，全数検査等）。

③ 作業ステーションから出た不良は，できうるかぎり早い段階で把握できるようにする（1個流し，工程間在庫削減等）。

④ 不良の根本原因を迅速に見つけ，その改善に結びつける（「目で見る管理」等）。

言い換えれば，「不良情報のフィードバック・ループをできるだけ小さくして早く回す」ということです。「不良率を所与として検査設計を最適化する」という伝統的な「統計的品質管理」の発想とは，基本的に異なります。

(2) TQC（全社的品質管理）

そもそも「TQC（Total Quality Control）」の概念は，フィーゲンバウムなどによって提唱されたアメリカ発のコンセプトですが，その後，日本で独自の発達を遂げました。

TQCと言っても，TQ・C（総合品質の管理）とT・QC（全社的な品質管理）

でニュアンスが異なります。「日本企業のTQC」の場合は「全社的」の色彩が強く，いわば「全社的品質管理（CWQC＝Company-Wide Quality Control）」になります。

ちなみに近年は，「全社的視野から競争戦略との連動や経営トップの積極的関与をより意識する」という意味を込めて，TQM（Total Quality Management）という言い方がアメリカ企業に広まり，日本でも定着しつつありますが，その基本的な考え方は，本質的に日本型の「TQC」的伝統の延長線上にあると言えます。

そうした「日本的TQC」の特徴は，

① 品質管理専門部署のみならず，垂直的・水平的に全階層の社員（トップ，中間管理者，現場管理者，作業者）および全部門（製造，購買，生産技術，開発，企画，販売，マーケティング，人事，経理財務，その他）の参加を指向する「全社的活動」
② 現状維持的管理よりはむしろ，「継続的改善」のプロセスを重視すること，つまり，日本的な形での「カイゼン」を指向したシステム
③ 「QCサークル活動」（品質管理・改善のための小集団活動）と「方針管理」（トップダウン的な目標・施策の展開）によるトップダウンとボトムアップの組み合わせ
④ 定型的な統計的手法（QC七つ道具）や問題解決手順（QCストーリー）など，現場で活用しやすい
⑤ 教育・訓練の重視，つまり「ひとづくり」を重視する
⑥ 企業横断的なTQC普及組織（日本科学技術連盟，日本能率協会，日本規格協会，社会経済生産性本部）とその活動，前述の「デミング賞」を頂点とする全国レベルから社内レベルまでの表彰制度

等々が挙げられます。

いずれも，「全員参加・改善指向」というTQCの基本に深く結びついた仕掛けです。

(3) QCサークル

いわゆる小集団活動の一種である「QCサークル」は，「同じ職場内で品質

管理活動を自主的に行う小グループ」と定義されます。

　TQCの一環として位置付けられ，QC手法を使いながら，グループメンバーの自己啓発・相互啓発を通じて，全員参加で継続的改善活動を行うものとされています。リーダーを決めて，10人前後で構成されます。月に数回のペースで活動し，そのつどテーマを決めて取り組みます。また，グループごとにニックネームがついていることも多く見られます。現在は，勤務時間内の活動として扱う会社が多くなっています。

　緊急の問題解決には適していませんが，チームワーク，問題解決能力の向上，問題発見の意識付け，士気（モラール）の向上などには，一定の役割を果たしています。

　QCサークルの機能は，①改善による競争力向上，②意思決定参加によるモラールの向上，③従業員の問題解決能力の向上にありますが，どれを重視するかは，会社や時期によって異なります。最近は③が重視される傾向にあります。

　こうした小集団活動は通常，発表活動と表彰制度，そして多少の褒賞が結びついています。

　QCサークルは，日本の品質管理手法の中でも最も早く欧米に紹介され，これこそが日本の強さの秘密だと騒がれたこともありました。QCサークルがTQCの重要なサブシステムであることはたしかですが，TQCのすべてではないことを忘れないでください。

　例えば，近年のトヨタ自動車グループには，①専門家を中心に問題解決を優先するSQC（統計的品質管理），②作業者の動機付けと問題解決の意識付けをねらったQCサークル，③全社の目標達成と結びついたトップダウン式の方針展開であるTQM，の三つの柱があり，それぞれ活発に展開されています。

　QCサークルが立ち消え気味の会社もありますが，トヨタをはじめ，今でも盛んな企業も少なくありません。

(4) QCストーリー

　TQCの活動と成果発表は，多くの場合で，「QCストーリー」というルーチン化（定型化）した問題解決手順に従って行われます。

　例えば，「テーマ選定→テーマを取り上げた理由の説明→目標（あるべき姿）の把握→現状把握→要因分析→対策（解決案）提案→効果確認→歯止め（成果の維持と問題再発防止）→残された課題と今後の進め方のレビュー」といった

標準的な問題解決ステップに忠実に従った手順が多く使われています。いわゆるPDCAサイクル（**問題解決サイクル**）に準拠しており，現場の問題解決の手順を標準化した「定石」の枠組みとも言えます。その後，米国で発達した「シックスシグマ法」が採るMAIC法（Measurement：測定→Analysis：分析→Improvement：改善案→Control：管理）も趣旨は同様です。

　こうした，基本のストーリーをテンプレートとして標準化することで，改善成果の発表も書きやすく，また読むときにもストーリーが一定なので理解しやすく，結果として，改善成果の知識共有化がしやすくなります。

(5) QC 七つ道具

　TQCでは，問題解決プロセスで使われる手法も，かなり定型化されています。その意味では，TQCはSQC（統計的品質管理）の否定ではなく，むしろある種のSQCをその部分システムとして取り込んでさえいます。ただし，統計分析を専門家の独占物とせず，現場における小集団の品質改善活動で利用することに軸足を置いています。「QC七つ道具」と呼ばれるものが，その典型です。具体的には，以下の七つです。

① 特性要因（魚の骨）図：ある結果をもたらす原因群を階層的に整理した，定性的な樹形図。例えば，ある品質問題を引き起こす可能性のある潜在要因を，作業者，機械，材料，方法などの分野別に示す。

② チェックシート：現場における素早いデータ収集や点検の利便性を考慮したマトリックス表。

③ 層別：収集したデータを，何らかの基準でいくつかのグループに分類する。

④ ヒストグラム：ある特性値に関するデータの分布（ばらつき）を視覚的に表した棒グラフ。

⑤ パレート図：問題の原因などを分類項目ごとに集計し，件数・頻度の多い順に棒グラフで示し，その累積件数と頻度を折れ線グラフで表示する。

⑥ 散布図：2軸の平面にデータをプロットすることで，2変数間の相関関係を視覚的に示す。

⑦ 管理図：サンプル抽出した品質特性値のデータについて，ばらつきを時間軸に沿って示した折れ線グラフ。管理限界内に収まっているかをチェッ

クすることで，偶然の変動と処置の必要な変動を見分け，後者に重点的に対処する。

「QC 七つ道具」の特徴は，第一にシンプルでわかりやすいこと，第二に視覚的にわかりやすいこと（目で見る管理），第三に**問題解決・改善指向**であることと言えます。つまり，全員参加の改善活動の道具に徹しているのです。

「QC 七つ道具」による問題解決事例を，以下の仮想例で簡単に説明しましょう。

ここで取り上げるのは，レーザーを使ってプレス済みの鋼板に穴あけをする作業です。この穴は部品を挿入するためのものですが，次の組立工程で少なからぬ不良が報告されています。この不良を減らすことが今の課題です。

そこでまず，後工程における聴き取り調査に基づいて，後工程で検出される穴不良の内容を分析し，「穴の形状が不規則」，「穴が大きすぎる」，「穴が小さすぎる」，「金属カスの溶着」といった問題を特定しました。

次に，このうち，どの原因の発生頻度が多いかを，後工程のデータに基づいて「パレート図」で分析した結果，「穴が大きすぎる」が主要な課題とわかりました（図6-21）。ちなみに，この穴は，設計では内径10ミリ，「公差」はプラスマイナス 0.5 ミリです。

そこで，現状をつかむため，現場でサンプル抽出による穴径の計測を行いま

図6-21　要因別の不良発生件数および累積比率　（パレート図）

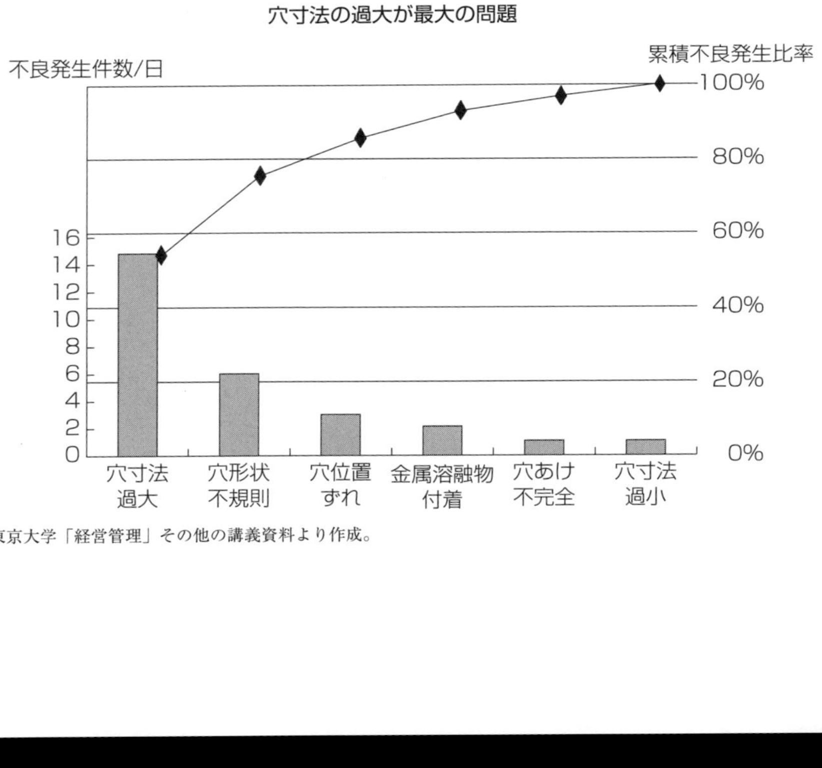

穴寸法の過大が最大の問題

出所：藤本隆宏・東京大学「経営管理」その他の講義資料より作成。

した。まず，現場で「チェックシート」を使って内径の度数分布を調べてみました。そしてその結果を「ヒストグラム」（図6-22）にまとめました。すると，実際にはかなりの比率で「公差」の上限を外れた穴が存在することがわかりました。

さらに調べてみると，鋼板を納入するX社とY社のうち，どうやらX社の納入する鋼板を使ったときに「規格外れ」の問題が起こる傾向があることがわかりました。納入鋼板の仕入先別に「層別」してみると，「ヒストグラム」（図6-24）で明らかなように，Y社製の鋼板では規格外れの問題は起きていませんでした。

これで，X社の鋼板に問題があることがわかりました。しかし，なぜそうなのかは依然不明です。

図6-22　測定値の分布（ヒストグラム）

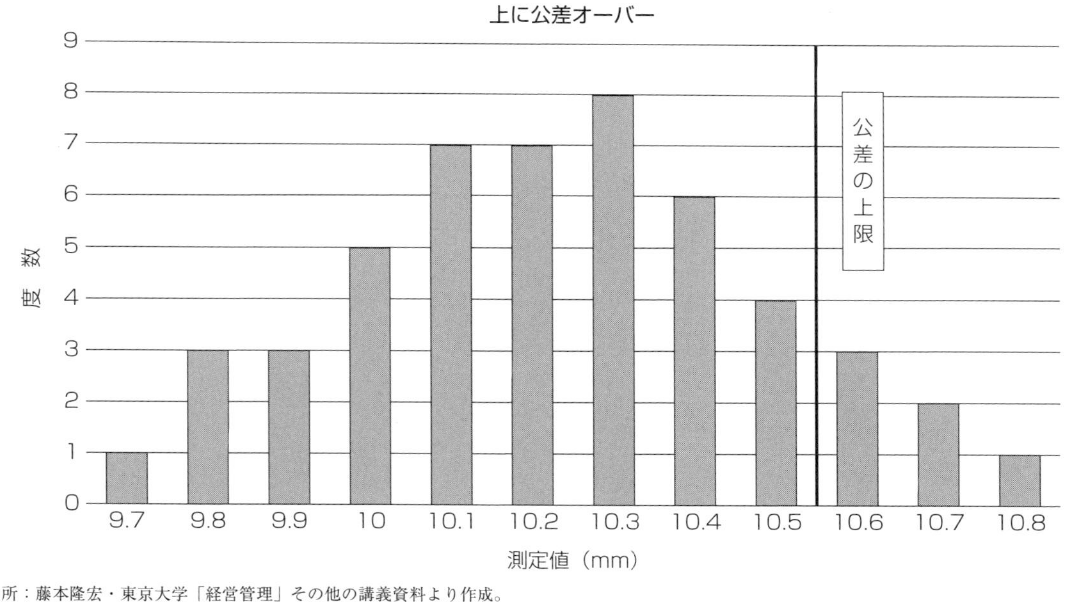

出所：藤本隆宏・東京大学「経営管理」その他の講義資料より作成。

図6-23 $\bar{x}-R'$管理図

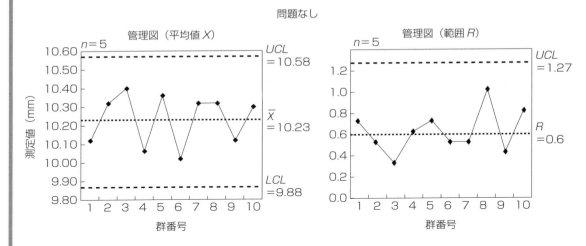

注：基本的なデータと管理限界の計算根拠は以下のとおり。

観測1回当たりのサンプル数（n）＝5
観測回数10回
サンプルの平均（$\bar{x}$）＝10.23
範囲（R）の平均（$\bar{R}$）＝0.6

以上から推定される母集団の標準偏差＝0.6÷2.326＝0.26
これに対応する $\bar{x}$ の上方管理限界＝10.23＋0.6×0.577＝10.58
これに対応する $\bar{x}$ の下方管理限界＝10.23－0.6×0.577＝9.88
範囲（R）の上方管理限界＝0.6×2.115＝1.27
係数（2.326，0.577，2.115）は，管理図用係数表の「$n=5$」の欄から引用した。

出所：藤本隆宏・東京大学「経営管理」その他の講義資料より作成。

図6-24 層別測定値の分布

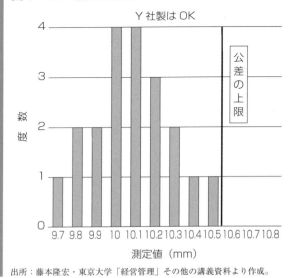
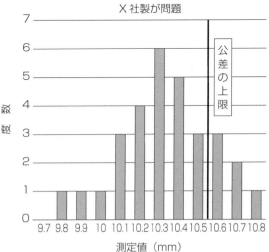

出所：藤本隆宏・東京大学「経営管理」その他の講義資料より作成。

そこで,「特性要因図」(図6-25)を使って,穴が大きくなりすぎる原因を考察してみました。

この分析によって整理された「電流」,「ガス流量」,「ロボットの位置決め精度不足」,「チップ磨耗」,「板とトーチの距離」,「板とトーチの角度」などの潜在要因のうち,「板とトーチの距離」(1.5ミリの周辺で管理されていることになっている)が特に問題であることがわかってきました。

図6-25 穴径精度不足の要因分析(特性要因図)

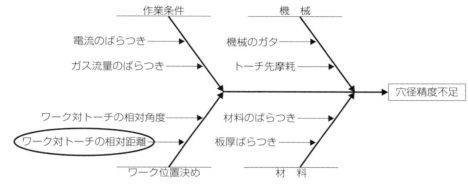

出所:藤本隆宏・東京大学「経営管理」その他の講義資料より作成。

次に「板とトーチの距離」と「内径」の相関関係を見るため「散布図」(図6-26)を作ったところ,トーチの距離が板から遠いほど内径が大きくなる傾向がわかりました。

また,その主因が素材の側にあるらしいことは前述の「層別」で予想がついていたため,この点に絞って実験や観察を続けた結果,プレスによる板の逆反り(スプリングバック)が,板がトーチから離れる主因であり,この問題はX社製の鋼板で特に大きいことが判明しました。しかし,X社の鋼板にはほかに問題はなく,同社の責任とも言い難いところがあるので,供給は現状のままにして,穴あけ時の板押さえを補強することで,スプリングバックを補正する改善策を提案しました。これを実施したところ,「板とトーチの距離」のばらつきが小さくなり,これに伴って「穴の内径」のばらつきも減少して公差内に収まるようになりました。この成果は「散布図」でも確認されました。こうして後工程での穴不良の問題は顕著に減少しました。

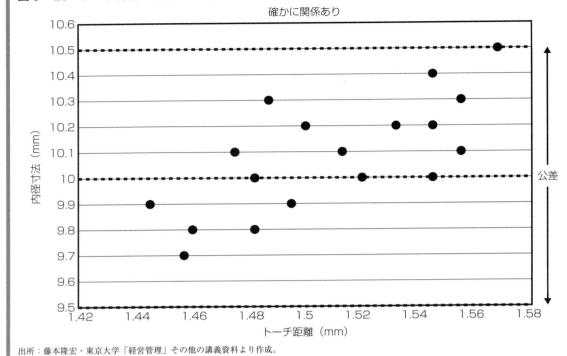

図6-26 トーチ距離と内径寸法（散布図）

出所：藤本隆宏・東京大学「経営管理」その他の講義資料より作成。

　以上は仮想例ですが，先進的な企業では，実際の改善事例においても，多かれ少なかれこのような形で「問題解決ツール」が体系的に活用されていると考えられます。

(6) 方針管理

　TQCというと，QCサークルに代表されるような全員参加で「ボトムアップ」式の改善活動というイメージが一般には強いと思われますが，実際には，TQCには「方針管理」という「トップダウン」的な活動があり，場合によってはこちらの方が重視される傾向も見られます。

　「方針管理」は，全社目標を階層的に分解して各部門に割り付ける「目標管理」の一種ともいえます。したがって，特に品質管理に限定されるものではありません。ごく一般的な経営管理手法ですが，多くの日本企業では品質管理の一要素として紹介されています。

　「方針管理」とは，トップ経営陣が中長期的な経営方針に従って制定した年度方針（目標と施策）を各部門・各部署・各個人へとトップダウンで展開し（方針展開），さらに各レベルの目標達成のために上司と部下の間で話し合いつ

つ「計画→実行→成果確認→是正措置」のPDCAサイクルを回すことを指します。

　例えば，会社の超長期的なトップ方針を示す「社是」(例：「我が社は創造的な製品によって社会に貢献する」)や「基本方針」(例：「お客様第一，効率向上，組織活性化」)から，「長期経営計画」や「長期目標」と連動した「長期方針」(例：「お客様満足度ナンバーワン確保」)を導き出し，さらに各年度の目標と重点を示す「年度方針」(例：「工程能力向上による重要品質問題件数の低減」)を策定し，これを各部の個別目標・個別方策(例：「アンダーボディ溶接精度の向上」)に展開して，トップ承認を経て「実施→評価・点検→対策の指示・実施→次年度方針への反映」の順にサイクルを回していきます。

　自動車メーカーT社の方針展開の概要を図示します（図6-27）。

　T社では，顧客満足や競争力に関わる品質，原価など（QCDなど）を「機能」と呼び，会社の各部門別の活動と，部門横断的な機能別の活動をマトリックスとして管理しています。

図6-27　T社方針展開

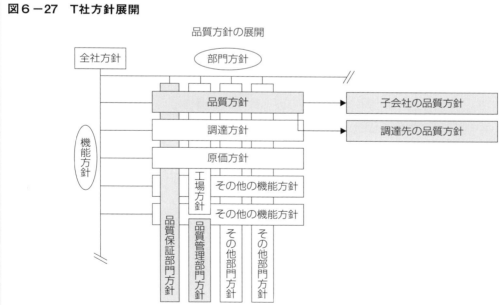

注：網掛けのボックスは品質関連の方針を示す。
出所：藤本隆宏・東京大学「経営管理」その他の講義資料より作成。

(7) 品質管理部門の役割

「検査中心」から「現場での品質作り込み」へと品質管理の重心が移るにつれて，会社内での品質管理・品質保証部門の役割も変化していきます。具体的には，「品質管理部門が直接的に品質管理や検査を実施する」という立場から，「品質管理・品質保証部門は全社的な品質保証活動の企画・運営および事務局機能に重点を置く」というスタンスへの変化であると言えます。こうした役割認識から，本社の品質管理・品質保証部門は，例えば全社的立場から年度ごとの「品質方針」，「品質保証計画」を起案し，全社的立場からの品質保証の企画・システム整備・社内調整・社外調整などを行います。

品質管理活動の先進性で知られる，ある日本の製造大企業では，品質管理・品質保証部門が以下のような役割を担っています。

① 「品質方針」の策定・展開：全社レベルの「品質方針」は，要点項目をリストアップした簡潔なものだが，各部のレベルの方針には，具体的な「実施事項」，「目標・目標値」，「スケジュール」などが詳細に記載される。

② 品質保証体制の整備・維持・改善：品質に関する標準類の整備，品質目標と目標達成のプロセスの設定，検査方法の全社的標準化，品質情報処理体制の構築・運営。

③ 品質標準の整備・維持・改善：具体的な試験方法と判定基準（公差，管理限界など）を決めたもの。個々の品質標準は，その分野の専門家によって審議・決定され，品質保証部門は，事務局として機能する。

④ 保証条件の決定：無料修理に関する期間・範囲・制限，販売店との精算など。

⑤ 品質情報の収集・解析・展開：消費者からの品質情報（クレーム，要望など）を収集し，関係部門に伝達するとともに，原因を分析し，改善方策を開発部門・生産部門に提案する。

⑥ 新製品開発段階の品質保証活動：試作品の品質をチェックすること，開発の節目で適合品質を確認すること，など。品質保証部門には専属のテスト要員がいる。

⑦ 品質監査および品質問題への対策：量産段階における出荷品質の保証（不良品が出荷されないようにすること）は工場が責任を持つが，品質保証部門は「品質監査」を実施し，品質のバラツキをチェックする。見つかっ

た不良は発生源が物流か，製造か，設計かを判断し，しかるべき是正措置がとられる。
⑧　その他の運営機能：「品質表彰」の運営（事務局），国際標準（ISO9000，QS9000など）取得に関する支援。

なお，QCサークル活動の推進，統計的ツールの研究・普及，TQMの教育・普及は，品質保証部門とは別のTQM推進部門が行います。

(8) TQCの問題点

TQCは，日本の製造企業の強さを支える手法として欧米でも注目されてきましたが，その意図や原則はともかく，実態については，必ずしも皆が手放しで称賛しているわけではありませんでした。

例えばTQCの一つの目標としてデミング賞の獲得がありますが，これを挑戦目標にした企業では，膨大なお金と時間を使い，ある種の全体主義，精神主義，批判を許さぬ雰囲気が支配して，残業，研修の繰り返しの中で従業員はくたびれてしまう，といった話も聞きます。TQCの形骸化，トップダウン方式の弊害を指摘する声もあります。

他方，「方針管理」は，あくまでも中長期的な経営方針を所与とした取り組みであり，それ自体が有効な経営戦略を生み出すものではありません。実際，90年代には，「従来の方針展開は本当の意味での長期的な経営戦略と必ずしも結びついていなかった」という反省がTQC関係者からも聞かれました。こうした反省が，より戦略性を意識した「TQM」の提唱につながっていきました。

20世紀後半におけるTQCの競争力への貢献は十二分に評価されるべきですが，これを唯一絶対のシステムとして固定化するべきではありません。むしろ，時代の変化に柔軟に適応する形で，21世紀のTQC-TQMをどのように変化・活性化させていくかが重要なポイントでしょう。

(9) 品質改善のポイント

　品質，すなわち正確な情報転写による顧客満足の向上が，本章のテーマでした。品質を改善するためには，以下のような要素が必要となります。厳しい出荷検査，ライン末・ライン内検査，個別工程での自主検査，部品受入検査，品質作り込みのための4S，自働化，ポカヨケ，予防保全，作業標準化，作業訓練，他。とりわけ，検査の徹底と，品質作り込みの充実が重要です。

　「あるべき姿」の「要因分解と反転」によって，「兆候のリスト」を体系的に作成します。あるいは，よく使われるルーチン（標準的方策）から兆候を逆算します。次に，そうした「兆候」を起点にして，「品質改善の定石」を考案していきます。

　そのために，現場で使える「工程流れ図」，「時間流れ図」を活用できないでしょうか。いずれにしても，定石を現場で生かすためのさまざまな工夫が必要になります。

　まとめると，以下のとおりです。

① 品質の概念は多様です。定義をきっちりとしてから話をしないと誤解を生みます。
② 設計品質，適合品質，内部不良，外部不良，公差，工程能力などの概念を正確に把握し，それらの関係を理解しましょう。
③ ものづくり＝設計情報論の立場から言えば，適合品質（製造品質）は設計情報の転写精度です。その精度をどう上げるかが，品質管理・品質改善のポイントになります。
④ 「品質のコスト」を把握して，品質管理システムの設計に役立てましょう。
⑤ 品質管理の二大アプローチは，「品質作り込み」と「検査」です。前者が優先だけれど，どちらも重要です。
⑥ SQC-TQC-TQM……この流れは，戦後の日米ものづくりのキャッチボールでした。まずSQCをアメリカから学んだ日本企業がTQCを発展させ，TQCを日本から学んだアメリカ企業がTQCをより戦略的に展開したTQMを提唱して，日本企業がそれを取り入れました。

品質管理はものづくりの基本であり，ITや手法の発展とともに，これからもさらに進化していくでしょう。しかし，お客様により正確に設計情報（付加価値）を伝える，という品質管理の基本は変わりません。

Point

- 多様な品質概念の定義をきちんと押さえる
  設計品質（製造の目標としてねらった品質）
  ×　適合品質（設計情報の転写精度）
  ＝　総合品質（総合商品力⇒顧客満足）
- 品質管理の二大アプローチは
  ①検査
  ②品質作り込み
- 設計情報の転写精度を上げることが品質管理・改善のポイント
- 「品質が高い」ということと「不良率が低い」ということは同義ではない
- 「品質のコスト」を把握する

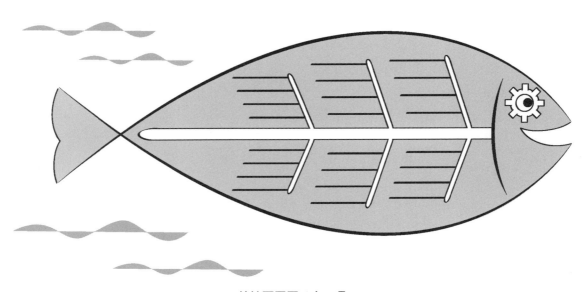

特性要因図は魚の骨

第7章 フレキシビリティ

1 フレキシビリティの概念

　ここまで，コスト（C），納期（D），品質（Q）という，生産・開発システムが関与する3つの競争力ファクターを見てきました。そこで本章では，4つ目の競争力ファクターとして，「フレキシビリティ（F）」を取り上げます。フレキシビリティは，QCDに比べれば，二次的な競争力要素ではありますが，変化と多様性で特徴付けられる現代のものづくりにおいては，多くの現場で要求される必須の能力です。

　まず，フレキシビリティはどのようにして競争力や顧客満足に貢献するかという「機能的側面」を考えてみましょう。

　機能的に定義するなら，「フレキシビリティ」とは，ある変化に対するシステムの対応能力のことです。すなわち，「システムの外部環境や内部構造が変化したとき，そのショックをどの程度吸収してシステム自体の機能を安定的に保てるか」という「適応能力」の問題です。「変化」を一時点で捉えれば，「多様性」ということになります。つまり，フレキシビリティとは「複数の状態（通時的には変化，共時的には多様性）へのシステムの適応能力」のことです。

　例えば，自動車の振動はタイヤ，サスペンション，シートなど，多段階でショックを吸収しています。フレキシビリティもこれに似て，多段階で吸収します。

　競争力の一構成要素として見た場合，「フレキシビリティ」は，コスト・品質・納期（QCD）とは次元を異にする概念です。フレキシビリティとは，コスト・品質・納期（QCD）のレベルが，「環境の変化や多様性の影響を受けない度合い」のことと言い換えられるでしょう。したがって，フレキシビリティについて語るときには，「何についてのフレキシビリティか」を明確にしなけ

ればなりません。例えば「生産数量の変化に対するコストのフレキシビリティ」といえば，「生産量が減少（または増加）しても製品の単位コストが増加しないで済む度合い」のことですし，「発注量の変化に対する納期のフレキシビリティ」といえば，「顧客からの注文が急増しても納入期間が長くならないで済む度合い」を意味します。

「フレキシビリティ」は常に「YのXに対するフレキシビリティ」という形で規定されるものであり，Y（競争パフォーマンス）とX（環境要因）をきちんと決めない限り正確な議論はできません。その意味で，「QCD」が競争パフォーマンスの「一次的要素」だとすれば，「フレキシビリティ」はいわば「二次的な要素」と言えるでしょう。

次に，フレキシビリティの「構造的側面」，すなわち「フレキシブルなシステムはどのような構造上の特徴を持っているか」を考えてみます。

一般にフレキシブルなシステムは，ある一部分のみが変化や多様性に対応するように設計されています。そしてその部分をモジュール化（半独立ユニット化）することによって，変化・多様性の影響を隔離し，封じ込め，システム全体に影響が及ばないようにします。

「変化対応モジュール」に対して，外部の変化によって影響を受けない部分を「共通モジュール」と呼ぶことにします。例えば，金型は変化対応モジュールであるのに対してプレスマシンは共通モジュールです。ただし，そうした「変化対応モジュール」の部分は，ある特定の変化が起こったときにのみ作動するわけですから，その部分だけをとれば稼働率は低くなります。つまり，フレキシブルなシステムは，全体としてある種の「冗長性」を持たざるを得ません。構造的に言えば，フレキシビリティとは，生産資源に含まれる情報ストックの「冗長性」のことと言ってもよいでしょう。

一例として，異なる設計の三つの製品，製品X，製品Y，製品Zに対応可能な生産資源，例えば生産設備や部品を考えてみましょう（図7−1）。そうした「フレキシブル」な生産資源は，構造的には，汎用的なモジュールと，製品特殊的なモジュールに分割できます。

図7−2のグラフでは，横軸に外部環境・内部構造の変数をとり，縦軸にシステムの機能（パフォーマンス）を表す変数をとっています。この例で分かるように，フレキシビリティは，外から与えられる変化に対するシステムの機能の変化の小ささ（安定性）で示されます。つまり，グラフにおいて，曲線の傾

きの小さいもの（左のグラフ）がフレキシブルに富むシステム，傾きの大きいもの（右のグラフ）がフレキシビリティの小さいシステムです。

「工程のフレキシビリティ」とは，「同一の工程が複数の製品を生産すること」，すなわち「工程の汎用化」です。製品多様化のコストは，まず製品と工程の柔軟性の相乗作用によって，段階的に吸収されます。

図7-1　フレキシビリティの基本構造（製品多様性への対応）

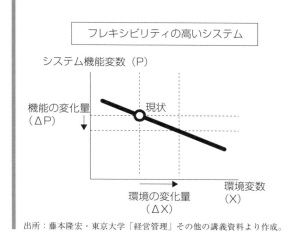

出所：藤本隆宏・東京大学「経営管理」その他の講義資料より作成。

図7-2　フレキシビリティの概念：「勾配の緩やかさ」による表現

フレキシビリティ＝システム機能の変化量/環境の変化量＝$\Delta P/\Delta X$

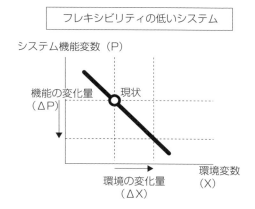

出所：藤本隆宏・東京大学「経営管理」その他の講義資料より作成。

2　部品のフレキシビリティ

　「部品のフレキシビリティ」とは「同一設計の部品が複数の異なる製品で共有されること」すなわち「部品の共通化」のことです。
　例えば，5点の部品（例えばボディ，フレーム，車軸，エンジン，トランスミッション）から成る製品があり，各部品が5品種ずつあるとしましょう。これらの部品を組み合わせて最終製品（例えばトラック）を作る場合，理論的に可能な組み合わせは，図7-3のとおり，5×5×5×5×5＝3,125種類になります。つまり，すべての部品が共通部品で，そのあらゆる組み合わせが販売可能なら，共通部品は膨大な最終製品のバリエーションを生み出します。しかし，すべての部品が，ある製品にしか使えない特殊部品であるとすれば，販売可能な最終製品の品種は5種類しかありません。現実のケースでは，最終製品の品種は5種類から3,125種類の間のどこかにおさまるでしょう。共通部品の割合が多いほど，最終製品のバリエーションは多くなります。
　部品共通化の効果は，この種の取り組みの先駆的事例の一つです。表7-1のように，自動車部品メーカー・日本電装（現在のデンソー）のメーターゲージのケースにおいても顕著にみられます。

　設計の合理化によって，商品化した組み合わせの理論的に可能な組み合わせに対する比率は，0.1％から21％へ，飛躍的に高まりました。メーターの針の振れ方は，顧客に対する差別化要因ではないので共通化できます。しかし，

図7-3　部品の階層構造とバラエティの相乗効果（仮想例）

注：各単体部品が5品種ずつあり，すべての組み合わせが商品化可能と仮定した場合。
出所：藤本隆宏・東京大学「経営管理」その他の講義資料より作成。

7 フレキシビリティ

表7－1　部品フレキシビリティと工程フレキシビリティ

部品名	旧システムにおける品種数	新システムにおける品種数
ケース	3	3
ターミナル	13	4
バイメタル	8	4
ボルテージ・レギュレータ	20	3
ベース	2	1
ベース・ケース	4	2
合計（A）	50	17
理論的に可能な組み合わせの数（B）	49,920	288
実際のメーター品種数（C）	60	60
共通化指数 C/B	0.1%	21%

出所：業界調査
三菱総研「ファクトリー・オートメーション」1983年

　メーターの外観は差別化要因なので，モデルごとにカスタム化しています。このように，「実際に商品化できる組み合わせ」の「理論的に可能な組み合わせ」に対する比率が1に近いということは，それだけ共通部品の「製品バリエーション創出効果」が大きいということです。

　中国市場におけるオートバイのアーキテクチャ（設計思想）の違いにこれをみることができます。ホンダのオートバイは専用部品が多くインテグラル（擦り合わせ）型です。これに対して，中国のオートバイは，コピー部品の寄せ集めでバリエーションを出す疑似オープンモジュラー型と言えるでしょう。アーキテクチャについては後述します。

(1) プラットフォーム戦略

　「プラットフォーム」は，部品共通化に関する一つの重要な概念です。これは，共通部品を大きなモジュールにまとめたものを指します。集成度の高い「サブアセンブリー」のレベルで共通化したモジュールとも言えます。プラットフォームの概念は，機械製品一般に見られますが，どの部分をプラットフォームと呼ぶかは製品タイプによって異なります。ここでは自動車を例にとります。

　現代のモノコックボディ（車体全体を箱形の鋼板で形成する一体型の自動車設計）の乗用車の場合，「プラットフォーム」とは，車のアンダーボディと足回り部品を中心とする大きな「かたまり」（設備投資額にして全体の半分以上を占める部分）を指します。ここを一括りにして複数モデル間で共通化しながら，顧客が直接評価する部分（例えば上部ボディの外観，内装，その他）では

差異化を図っています。

　グローバルな市場ニーズ多様化の時代に対応し，モデルの多様化・差異化と，規模の経済によるコスト低減を両立させるのがそのねらいです。特にプレス部品は量産効果が大きいので，その多くの部分を複数モデルで共有できれば有利になります。ヨーロッパの自動車メーカーである，VW（フォルクスワーゲン）社の1998年時におけるプラットフォーム部品の具体例を図7－4に示しておきます。

　当時のVW社は，広範囲の部品の形状を厳密に共通化することにこだわっており，いわば「硬いプラットフォーム概念」だったと言えます。これに対して，製品形状のパラメータはある程度違っても，共通の生産設備・治工具・金型が使えれば共通プラットフォームとみなす，という緩やかな定義で共通化を進めている企業もあります（例えば90年代後半の本田技研工業など）。これは「軟らかいプラットフォーム概念」と言えるでしょう。もはや「プラットフォー

図7－4　自動車の共通プラットフォーム部品（1998年VW社の例）

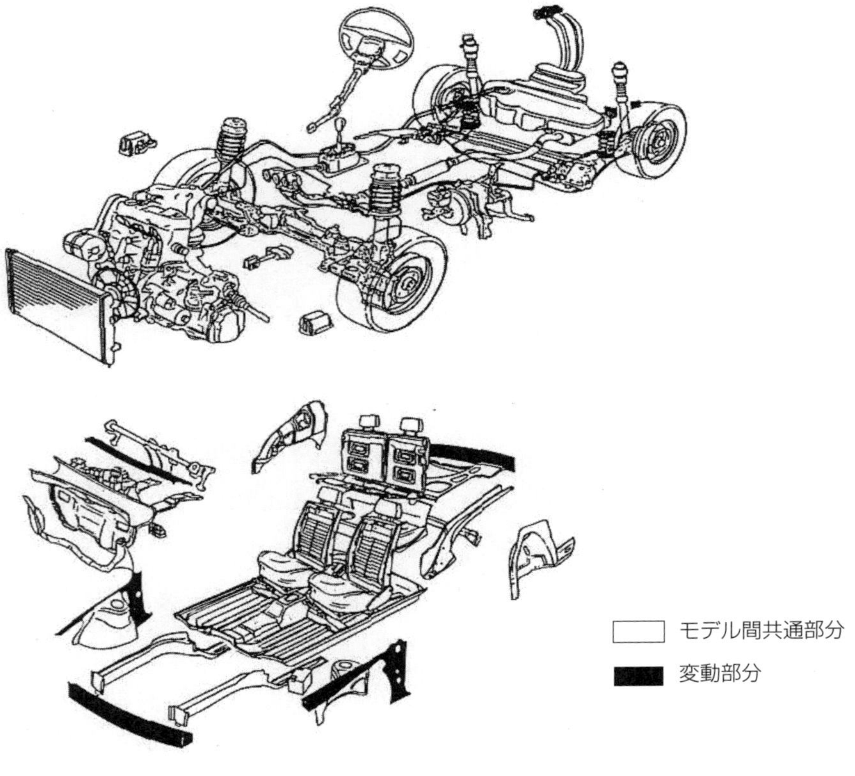

□ モデル間共通部分
■ 変動部分

出所：VW社

ムを共通化するか否か」ではなく，「どのような方針でプラットフォームを考えるか」が，競争の焦点となってきました。

　プラットフォームの共通化によって，製造コストのみならず，共通部分のテスト工数も省くことができます。

　かつては，車軸間距離（ホイールベース）と左右車輪間の幅（トレッド）が同じかどうかが，一つの目安でした。しかし，中にはデザインや車全体の一貫性（インテグリティ）を犠牲にした無理なプラットフォーム共通化も多く見られました。図7－5に示したのは，1980年代のトヨタでプラットフォームを共有化していた「セリカ」と「カリーナ」の写真です。両モデルは，性格やスタイルはかなり異なりますが，車のアンダーボディ（車台）部分の主要な寸法，例えばホイールベース（車軸間距離）やトレッド（左右車輪間の距離）は同一です。初期のプラットフォーム共通化は，このように，多くが物理的に明らかな共通化でした。

　ところが1990年代以降，こうした基本的な設計パラメータを変化させてもなお実効性を持つ巧妙なプラットフォーム共通化が多くなり，判定は難しくなりました。消費者から見れば，意外なモデル同士がプラットフォームを共有し

図7－5　1980年代のプラットフォームを共通とするモデル（例：トヨタ）

セリカ　リフトバック　1800 ST

カリーナ　セダン　1600 DOHC GT

出所：藤本隆宏・東京大学「経営管理」その他の講義資料より作成。

図7-6　1990年代のプラットフォームを共通とするモデル（例：富士重工）

レガシィ

レガシィ　ツーリングワゴン

レガシィ　ランカスター

フォレスター

インプレッサ

インプレッサ　スポーツワゴン

出所：藤本隆宏・東京大学「経営管理」その他の講義資料より作成。

ていることがあります。この種の取り組みで進んでいた90年代の富士重工業（現：SUBARU）の例を示します（図7-6）。共通化の成功によって富士重工は，生産量では最小のメーカーながらも，2000年代初めには日本で最もROE（Return On Equity；自己資本利益率）が高い自動車メーカーとなりました。ホンダでも，アコードやオデッセイなどで同様の例が見られました。

こうした「プラットフォーム共通化戦略」そのものは古くからありましたが，商品性や製品統合性（プロダクト・インテグリティ）を損なわぬ形で大胆なプラットフォーム共有化を進める設計ノウハウは，1980年代後半以降になると，世界的に格段に精緻化して，「見えざる技術進歩」といっても過言ではありません。

こうしたプラットフォーム共通化はおもに，80年代以降人気が高まった非セダン系のRV（Recreational Vehicle：レクリエーショナル・ビークル）の開発や，グローバル化対応の海外市場専用車の開発に活用されています。上手に行えば，製品の個性やインテグリティ（統合性）を犠牲にすることなく，新製品開発に伴う設備投資費の50％以上を他モデルと共通化できるので，モデル多様化の時代においては，非常に重要な戦略です。製品開発の効率化・迅速化にも顕著な効果が出ています。

こうしてプラットフォーム共通化戦略は，1990年代には世界の自動車企業の共通の課題となりました。しかしながら，どこまでをプラットフォーム部品とみなし，何をもって共通化の基準とするかは，企業ごとにかなり異なります。ここが各企業の「腕の見せどころ」になっていると言ってよいでしょう。

　ただし，メーカーごとで，プラットフォーム共通化の定義が違う場合もあるので注意してください。フィアットやホンダは，工作機械が共通なだけで形状はかなり異なる場合もあります。緩やかな共通化の例と言えるでしょう。

(2) 部品の加工形状要素（部位）の共通化

　さて，「部品表の階層構造」をさらに下りた「単体部品」（一塊の部品）のレベルでは，異なる設計の単体部品が，ある特定部分において加工形状要素を他部品と共通化するということが考えられます。

　一般に「加工形状要素」とは，種類・接続形状・寸法・表面の粗さ・解放数・方位の6項目で特徴付けられる単体部品の形状的な特徴のことです。製品設計において「加工形状要素が共通」ということは，加工工程において「加工単位が共通」ということでもあります。

　これに関連するのは，「類似設計」（モンタージュ設計，テンプレート設計）です。これは，特に要求仕様の面で新規設計の必要のある部分を除いて，できるだけ既存設計図面からの転写で済ませる，という考え方であり，結果的に単体部品の多くの部分の「加工形状要素」が既存の部品と共通になります。

　例えば，携帯電話の試作金型開発やコンサルティングで有名なI社は，樹脂製のボディ部品の内側のさまざまな設計部位（例えばモーターの受け部位や，コネクターの受け部位）の徹底的な標準化を提案しました。

　ちなみに，こうした「加工形状要素の共通化」の考え方をさらに推し進め，分類体系としてまとめたのが「グループテクノロジー（GT）」です。「グループテクノロジー」とは，部品の形状・寸法・工作方法・加工経路などの同一性あるいは類似性を基準として，多品種の部品・工作物をいくつかのグループ（パーツファミリー）に分類し，各グループに対して最適の工作機械のグループを割り当てて，また共通の治工具・取り付け具などを利用することを目指す，一つの生産思想です。

　自動車エンジンのシリンダーブロックにおける「ボアピッチ」（シリンダーの中心線の間の距離）を例に，「加工形状要素」の共通化について見てみましょう。

シリンダーブロックは，鋳造した粗形材を機械加工した単体部品で，エンジンの中枢部分です。その加工には，高価な専用工作機群（トランスファーマシンなど）が使われるので，その設備投資費用の節約は，競争上重要なポイントでした。

1980年代後半，軽自動車メーカーは商品力アップのため，こぞってエンジンの多気筒化（例えば2気筒から3〜4気筒へ）を進めていましたが，この場合，シリンダーブロックの全面改変，したがってトランスファーマシンの更新が必要になりやすく，そうなれば投資額は莫大なもの（少なくとも数十億円）になってしまいます。したがって，既存の設備をいかに活用するかが鍵でした。

軽自動車の市場リーダーであったスズキは，3気筒エンジンの開発にあたり，他社と比べてシリンダー直列方向の長さが非常に短く融通が利きづらそうなシリンダーブロックを設計して，ライバルのエンジニアたちを不思議がらせました。しかし，後にスズキが660cc 4気筒軽エンジンを発表するとその理由が判明しました。スズキのねらいは，同じ「ボアピッチ」で3気筒エンジンと4気筒エンジンを開発することで，多軸中ぐり盤などの専用工作機械の共用を可能にして，設備投資を節約することにあったようです（図7-7）。一方，ライバルのホンダも，ボアピッチを変えずに550ccから800ccまでのエンジンサイズに対応しました。

このように，専用の多軸工作機を多用する量産エンジン加工では，工作機械

図7-7　エンジンブロック設計における加工形状要素（ボアピッチ）共通化の例

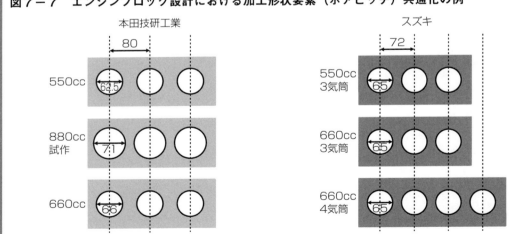

注：エンジンのシリンダーブロックを上から見た概念図。円の部分がシリンダーの空洞で，ここを多軸工作機で切削加工する。
出所：藤本隆宏・東京大学「経営管理」その他の講義資料より作成。

の工具の軸間距離（＝ボアピッチ）が同じであることが，高価な設備を共用するための必要条件になります。確かに単体部品のレベルでは，3気筒ブロックと4気筒ブロックは設計が異なりますが，機械加工における中核的な「加工形状要素」の共通化によって，同一の加工設備の共有が可能になるのです。

(3) 部品共通化の得失

部品共通化について，まずプラスの面を挙げるならば，①部品量産効果によるコストダウン，②信頼性チェック済みの既存設計を使うことによる品質の安定化，③補修部品の入手可能性のアップ，があります。また，④原料・部品をいくつかの製品間で共通化すれば，個々の製品の需要変動が相殺されて部品使用量が安定化する可能性が高まり，それだけ在庫死蔵（デッドストック化）や欠品などのリスクが減り，在庫管理が容易になります。

さらに，共通部品については短サイクルで見込み生産を行い，下流のみで注文生産に応じて製品差異化を行えば，「製品の多様化」と「納期の短縮」の両立も可能になります。例えば，イタリアのベネトン社のセーターは原則として縫製をしてからの「後染め」で，独特の色合いで製品を差異化しながらも，生地の段階では共通化を進め，これによって納期短縮と製品差異化を両立させようとしています。

一方，部品共通化をしすぎると「副作用」が出るおそれがあります。例えば，①部品設計がその製品に対して「最適化」されていないことによる商品力の低下に気をつける必要があります。例えば，過度の部品共通化は，「性能のアンバランス」，「デザインのちぐはぐさ」といった「製品統合性」（プロダクトインテグリティ）の欠如を引き起こしかねません。また，②特に，自動車のような「統合型アーキテクチャ」の消費財の場合，共通部品を増やしすぎると，自社製品間の差異化が不十分となり，「X社の製品はどれも皆同じに見える」，「どこを切っても同じ金太郎飴だ」と言われ，消費者に嫌われるおそれがあります。かつて日本メーカーが陥っていた，双子車，三つ子車などと呼ばれた自動車がこの一例でしょう。

3 工程フレキシビリティ（工程の汎用化）

　変化と多様性の影響を吸収する方策として，まず「部品のフレキシビリティ」について説明しました。次に，「工程のフレキシビリティ」すなわち「工程の汎用性」について見ていくことにしましょう。

　「工程のフレキシビリティ」とは，「同一の工程が複数の製品を生産すること」すなわち，「工程の汎用化」です。製品多様化のコストは，まず製品と工程の柔軟性の相乗作用によって，段階的に吸収されます。

　ここまで，製品の多品種化・変更のショックを部品共通化，加工要素共通化などで次々と吸収するプロセスを見てきたわけですが，それでも残る部品設計の多様性・変動性は，結局，個別工程の汎用性で対応するしかありません。

　加工組立型の製品の場合，「工程の汎用性」とは，所与の生産工程・生産設備が，異なる形状の複数品種の部品を製造する能力，あるいは組立を行う能力のことです。

　その一つの鍵は，品種の切替作業，すなわち「段取替」の時間やコストをいかに節約するか，にあります。

　まず，組立工程の汎用性，次に加工工程の汎用性を説明することにします。

(1) 組立工程のフレキシビリティ

　自動車のように，次々と異なる品種の製品を組み立てる混流ラインでは，以下のように，個別品種対応部分と汎用部分に分けることで，組立工程を汎用化します。

　① フレキシブルな組立工程を担う作業者は，原則として「多能工」です。「多能工」とは，複数の動作プログラム（標準作業）をマスターした作業者のことで，指示された品種情報に従って異なる作業を選択・実行できる作業者です。

　② ロボットなど組立機械も一定のフレキシビリティを持ち，受信した品種情報に基づいて異なった動作プログラムを選んで作業を行います。

　③ フレキシブルな治具（車体把持装置）は，車体の形状の違いに合わせて，車体把持の位置，方法を切り替えます（図7－8）。

図7-8 組立工程のフレキシビリティ

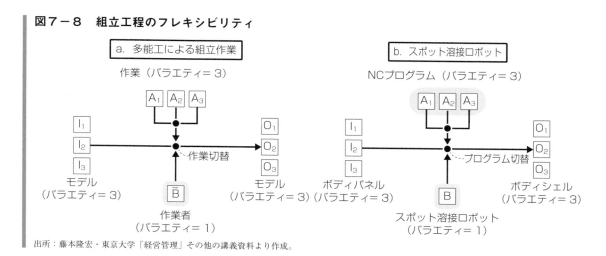

出所:藤本隆宏・東京大学「経営管理」その他の講義資料より作成。

(2) 加工工程のフレキシビリティ

次に、部品加工・成型におけるフレキシビリティについて説明しましょう。「部品加工・成型工程のフレキシビリティ」とは、ある特定の作業者、設備などが、複数種類の加工・成型に対応できる能力のことです。

その場合、その工程の作業者や設備は、加工形状のバラエティに対応する形で、金型・治具・工具・数値制御プログラムなど、工程の一部（特定の加工情報＝製品設計情報の一部をストックした部分）のみを切り替えます（図7-9）。この切り替え作業を、「段取替」と言います。

一般に、対応できる作業の幅が広く、その間の段取替の時間・費用がかから

図7-9 部品加工・成形のフレキシビリティ：プレス成形の例

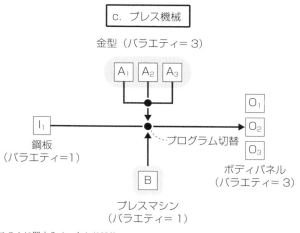

出所:藤本隆宏「テクノロジーシステムに関するノート」(1986)
　　　土屋守章編『技術革新と経営戦略』

ないのが，フレキシブルな加工工程（作業・設備）です。

(3) 工作機械の汎用性

　機械設備の汎用性については，設備管理の面でも考える必要がありますが，一般的には，機械加工の場合，汎用工作機→単体のNC（数値制御）工作機→複数のNC工作機をライン化したFMS（フレキシブルマニュファクチャリングシステム）→トランスファーマシン（専用機を加工順に並べたライン）の順に，汎用性は低くなります（図7－10）。

　その違いは，基本的には加工ルートと工具経路の自由度を，どのメディアで拘束するかの問題にあります。

図7－10　工作機械の汎用性

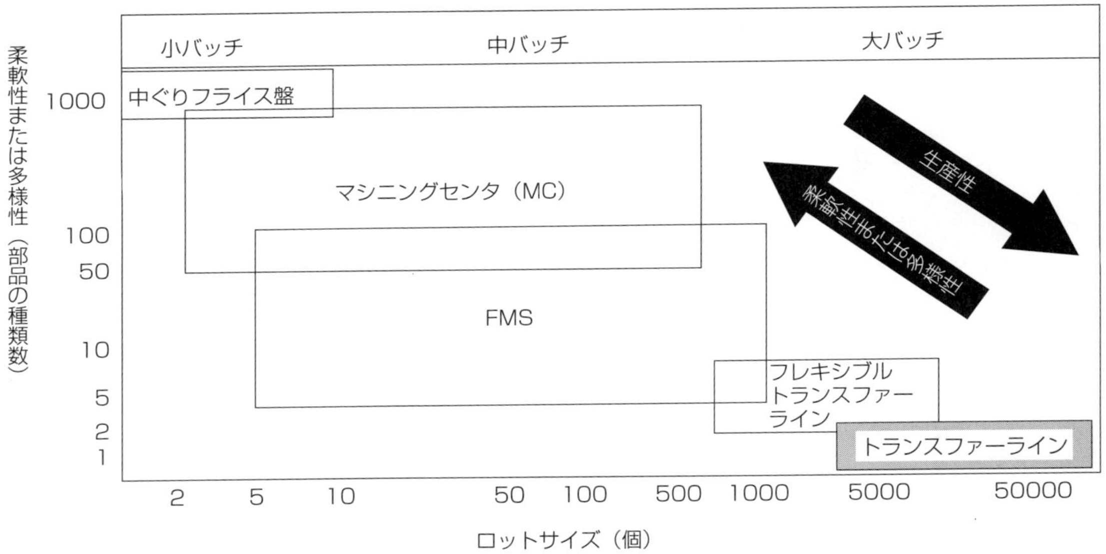

縦軸：柔軟性または多様性（部品の種類数）　1, 2, 5, 10, 50, 100, 1000
横軸：ロットサイズ（個）　2, 5, 10, 50, 100, 500, 1000, 5000, 50000

小バッチ／中バッチ／大バッチ

- 中ぐりフライス盤
- マシニングセンタ（MC）
- FMS
- フレキシブルトランスファーライン
- トランスファーライン

矢印：生産性／標準的な作業編成

従来の概念によるFMSの適合範囲（Klahorstによる）

出所：藤本隆宏・東京大学「経営管理」その他の講義資料より作成。

(4) 「段取替」とその改善

　加工対象である部品（ワーク）の種類が変更になったとき，汎用設備は，その一部（型，治具，工具，NCプログラムなど）を切り替えて対応します。これに伴い，加工作業が中断し，準備作業・調整作業が発生します。これを「**段取替**」と言います。段取替の時間・費用が節約できれば，それだけ設備のフレキシビリティが増すことになります。

段取替には,「内段取」(加工作業の中断を伴う品種切り替え) と「外段取」(加工作業の中断を伴わない,加工作業と時間的に並行した切り替え作業) があります。

付加価値作業(正味作業)の時間を損ねる分だけ,内段取の方が時間当たり損失が大きくなりがちなので,まずは「内段取の外段取化」を検討して,続いて内段取の改善,外段取の改善と進むのが定石とされています。例えば,「ジャストインタイム」指向の企業のプレスラインでは,金型交換の作業改善による段取替時間の圧縮(例えば金型交換を10分以内に行う,いわゆる「シングル段取」)が指向され,短縮化のための,あらゆる方策がとられています。

(5) 金型シングル段取化の定石

段取改善の「定石」としては,例えば次のようなものが知られています。

① 整理整頓の徹底
② レイアウト改善による歩行距離の短縮
③ 内段取の外段取化
④ 段取作業の複数化・並行作業化
⑤ ボルト締めの省略・簡素化のための設備設計の改善
⑥ 基準(X・Y・Z軸)の共通化による調整作業の効率化
⑦ 段取作業の標準化

より投資額のかさむものとしては,ムービングボルスター(金型自動交換用の軌道台車)による金型交換のスピードアップがあります。

こうした段取替コストの低減によって,日本の自動車メーカー・部品メーカーは,ロットサイズの縮小に成功して(例えば車体パネル数百枚ごとに金型交換),仕掛品在庫の大幅圧縮が可能になったのです。

(6) 数量変化に対するフレキシビリティ

「ジャストインタイム(JIT)方式」の場合は,能力を負荷に合わせようとします。したがって「負荷」に関しては,総量についても品種についても,一定期間にわたって徹底的な「平準化」を行います。その結果,「サイクルタイム一定」(需要の平均発生スピードで平準化生産を行うこと)という考え方が

行き渡ります。

決められた「サイクルタイム」に「生産能力」を一方的に合わせるのですから、そこには高い「数量的フレキシビリティ」が要求されます。しかもJITの場合、これをジョブショップ的な体制ではなく、流れ作業的に行うことを指向しています。こうした「流れ作業ラインの数量的フレキシビリティ」を支えるのは、「多能工化」と「多工程持ち」（多作業持ち）のシステムです。

例えば、ここに月産1万台、日産1直（シフト）約500台の工場があるとします。サイクルタイムは約1分とします。仮に500人が組立ラインで働いているとすれば、1台当たり工数は「500×8÷500＝8時間／台」となります。さて、需要パターンの変動の結果、このラインの生産が半減してしまったとしましょう。米国式の伝統的な「職務給」に基づく「単能工システム」では、こうした変化にフレキシブルに対応できません。「職務の細分化」が壁となって、人が減らせず、生産性は大幅に落ちてしまいます。

「多能工」、「多作業持ち」のシステムは、フレキシブルに「少人化」を行い、極端に言えば、生産が250台、サイクルタイムが2分になれば、人も250人に減らし、1人当たりの受け持ち範囲と組み付け部品数を2倍にすることで、生産性は変動させません。

いわゆる「U字ライン」（機械設備を加工プロセスに沿ってU字型に配置した製品別ライン：図7-11）も、こうした「多能工」、「多工程持ち」による

図7-11　U字ライン

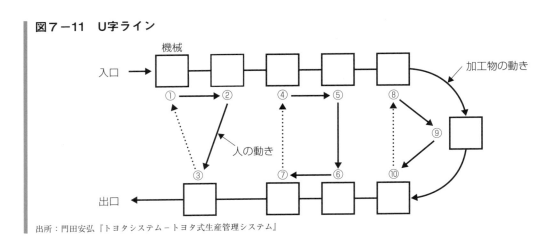

出所：門田安弘『トヨタシステム－トヨタ式生産管理システム』

数量変動へのフレキシビリティを補強する仕掛けです。ラインを直線ではなく，U字型に組むことで，各作業者への作業割り当てのフレキシビリティが増します。同一の作業者が隣接した工程を受け持つことは必ずしも必要なくなるからです（例えばラインの入り口と出口を1人で受け持つ）。

4　フレキシビリティの全体最適化，アーキテクチャおよび位置取り戦略

　製品をアーキテクチャ（設計思想）で分類するとモジュラー（組み合わせ）型とインテグラル（擦り合わせ）型に分けてみることができます（図7-12）。

　モジュラー型は機能と構造が独立して設計されている，例えばパソコンシステムのような製品です。デジタル製品に多く見られますが，パソコンとプリンター，プロジェクターが各々独立した機能を持ち，インターフェースを共有することでたとえメーカーが違っても繋げればそのまま使用できます。パソコン自体も寄せ集めの部品にインテルのCPUを入れれば立派に作動します。

　これに対してインテグラル型の代表は乗用車で，燃費を向上させたり乗り心

図7-12　モジュラー（組み合わせ）型アーキテクチャとインテグラル（擦り合わせ）型アーキテクチャ

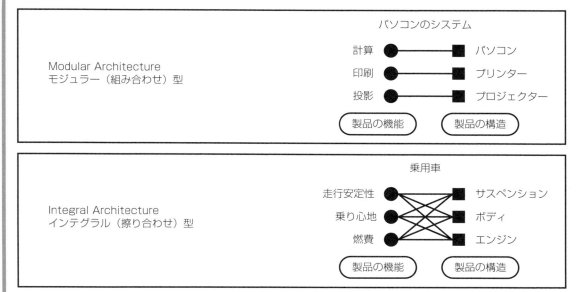

出所：藤本隆宏・東京大学「経営管理」その他の講義資料より作成。

地を良くしたりするためには，サスペンション，車体，エンジン，タイヤなどあらゆるパーツを擦り合わせて設計する必要があります。こちらは日本のものづくりの得意分野とされてきました。

　日本はインテグラル型を捨てて流行りのモジュラー型に切り替えるべきだと言った議論もありますが，これは，比較優位の論理や現場の実態を理解しない雰囲気論にすぎません。

　産業構造論は，あくまでも歴史的に形成された現在の日本産業現場の特性をよく見極め，それと適合性の高い，比較優位を得やすい産業に特化するのが基本です。設計の比較優位論から見れば，調整能力の高い現場が日本に偏在するという現実認識があり，それと適合的な調整集約型すなわち擦り合わせ型の製品が国内に多く残ることが貿易の利益につながると考えるのが妥当です。

　長期的には，強みを伸ばし弱みを補う「伸長補短」の「両面戦略」もまた戦略上の基本なので，一方で，現在は苦手傾向のモジュラー型製品でも勝てるような，高度な分業型の組織能力も国内で構築していく必要があります。実際，そうした企業や現場もすでに存在します。しかし，「舎短取長」はあっても，よりによって「現在の強みを捨てる」という方策は，どの戦略論の教科書でもありえません。流行に流されただけの根拠なき暴論と言うほかありません。

　部品間で「実際に商品化できる組み合わせ」の「理論的に可能な組み合わせ」に対する比率が1に近いならば，それだけ各部品のインターフェース（外との結合部分）が共通化・標準化しており，機能的にも完結している（他の部品によってその部品の機能が影響されない）ということを意味しています。こうした，自由な組み合わせが容易な部品を「モジュラー的な部品」と言い，モジュラー的な部品を多用する製品を「モジュラー型アーキテクチャの製品」と言います。

　「アーキテクチャ」とは，製品をどのようなモジュールに分け，それぞれをどんなインターフェースでつなぎ，どんな製品機能を分担させるか，に関する基本設計構想のことです。

　ちなみに，こうした「モジュール組み合わせ設計」が企業の境界を超えて可能な場合（つまりインターフェースが業界レベルで標準化されている場合），そうした製品を「オープンアーキテクチャの製品」と呼びます。

　逆に，製品ごとに特殊部品を特殊な形でつないで最適設計するような場合，

その部品は非モジュラー的であり、そうした部品を多用する製品を「インテグラル（統合型）アーキテクチャの製品」といいます。どちらかといえばパソコンや自転車は「モジュラー型」かつ「オープン型」で、自動車や高級オートバイは「インテグラル型」寄りの製品と言えるでしょう。

アーキテクチャの位置取り戦略については、①自社の製品がインテグラルアーキテクチャかモジュラーアーキテクチャかを横軸にとり、②顧客の製品やシステムがインテグラルアーキテクチャかモジュラーアーキテクチャかを縦軸にとり、基本的に2×2のマトリックスでアーキテクチャの位置取りを考えていきます（図7-13）。

図7-13　アーキテクチャの位置取り（ポジショニング）戦略（仮説）

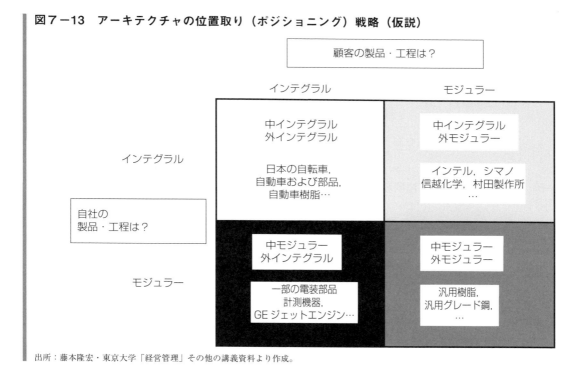

出所：藤本隆宏・東京大学「経営管理」その他の講義資料より作成。

(1) アーキテクチャ戦略の「合わせ技」

さらに、製品の階層（例えばシステム、セット、モジュール、コンポーネント）によって、アーキテクチャの位置取りを変え、全体で利益を出す、「アーキテクチャの合わせ技」というものがあります。システムとしての製品は必ず階層構造になるので、どのレベルでどの位置取りを選ぶかをよく考える必要があります。

① 例えば，ハードウェアとしての製品そのものは擦り合わせで素性の良いものを作り，これを標準品として売っていく「中インテグラル・外モジュラー」戦略をとりますが，そのハードと組み込みソフトとサービスを寄せ集めたソリューションのレベルでは，個々のお客のニーズに合わせてカスタマイズする「中モジュラー・外インテグラル」戦略をとることで安定的な収益を得る「合わせ技」をとっているメーカーに，キーエンス，ダイキン，HOYAなどがあります。

② セットであるプリンターは汎用品として売り（中インテグラル・外モジュラー），その一部であるトナーなどの消耗品は，「中インテグラル・外モジュラー」でありながら囲い込んで儲けるという，キヤノンやエプソンなどにみられるタイプの「合わせ技」もあります。

レイヤーによって位置取りを変える「合わせ技」の例を図7-14に掲げました。

キーエンスやダイキンのように，ハードウェアはインテルと同じ「中インテグラル・外モジュラー」の位置取り，そしてその上のソリューション（ハード

図7-14　レイヤーによって位置取りを変える「合わせ技」①直営・ソリューション型

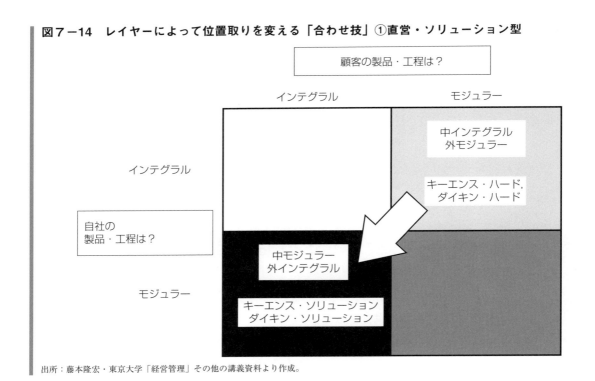

出所：藤本隆宏・東京大学「経営管理」その他の講義資料より作成。

+ソフト+サービス）のレイヤーは，逆に「中モジュラー・外インテグラル」の位置取りの直営ソリューション型が有効なケースもあります。ハードに擦り合わせを仕込むことによって簡単に真似されない競争力を得ながら，それらをソフト，ハードとうまくモジュール的に組み合わせることによって，顧客の特殊な要求に合わせたカスタム化をローコストで実現するのです。その意味で，キーエンスやダイキンが売っているのは，ハードとしてのセンサーやエアコンというよりも，ソリューションとしてのセンシングソリューション，エアコンディショニングソリューションと言うこともできます。

しかし何らかの理由で，顧客がハードウェアのカスタマイゼーションを要求する場合はどうでしょうか？

すべてを「中インテグラル・外インテグラル」で対応して，最適設計した特殊部品で対応するならば，開発コスト，営業コストともに大きくなって，利益が出にくくなります。そこで，製品をうまく分割して，特殊モジュールと共通モジュールに分け，特殊モジュールは「中インテグラル・外インテグラル」だけれど，共通モジュールは「中インテグラル・外モジュラー」という「合わせ技」もあり得るでしょう。顧客が要求するカスタム型センサー（ハード）を，共通化したインプットモジュールと特殊設計のアウトプットモジュールに分け，その間のインターフェースを標準化したO社（センサー）の取り組みは，ハードウェアアーキテクチャの「合わせ技」として，注目されています。

以下で事例から見てみましょう。

(2) O社A工場におけるフレキシビリティの全体最適化

市場ニーズの多様性に対してフレキシビリティの全体最適化で挑む，O社A工場の事例を簡単に示します。この会社の場合，主力のセンサー製品に関して，以下のような全体最適戦略をとったとみられています。

① まず，アーキテクチャの位置取り戦略から入ります。どのレイヤーで共通化するかを，全社的な戦略と連動させて考えます。
② 次に，製品アーキテクチャに工程アーキテクチャを合わせ込んでいきます。標準化した部品は，自動化した後補充ラインで対応します。これに対して，カスタム化した部品は，受注対応のセル生産で対応します。
③ これによって，会社の戦略方針と連動する形で，多品種化へのフレキシ

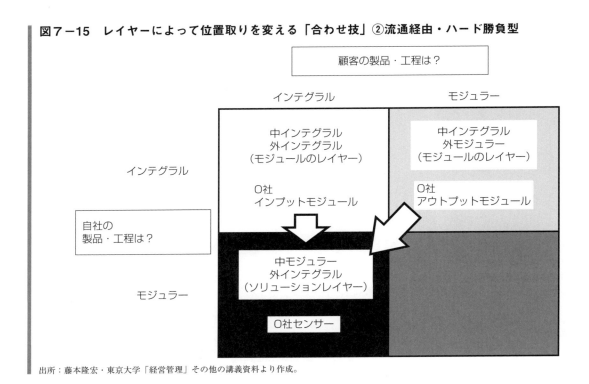

図7−15 レイヤーによって位置取りを変える「合わせ技」②流通経由・ハード勝負型

出所：藤本隆宏・東京大学「経営管理」その他の講義資料より作成。

ビリティ対応の「全体最適化」を目指しています。

センサー業界トップのO社は，品種の多いアウトプットモジュールと，比較的共通化したインプットモジュールにセンサーを分割し，その間のインターフェースを標準化したうえで，

① アウトプット（特殊）モジュールはフレキシブル受注生産
② インプット（共通）モジュールは自動化・後補充生産

というように，製品アーキテクチャと生産システムの整合性をとることで，ダイレクトソリューションビジネスを推進するキーエンスに対抗したのです（図7−16）。

図7-16 モジュール分割戦略と工程タイプの選択

①汎用センサー（近接・光電）：10,000種弱　部品点数：XX点　工程別配置
②アプリセンサー（安全，他）：10,000種強　部品点数：1XX点　製品別配置

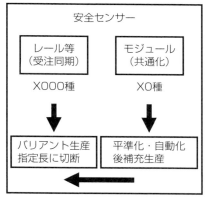
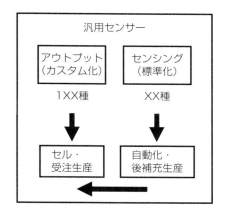

出所：藤本隆宏・東京大学「経営管理」その他の講義資料より作成。

(3) キーエンスのソリューション営業

キーエンスは，センサーを主力とするメーカーですが，実際は，センサーシステムというソリューションを売る企業であると言えます。

同社は売上高1,400億円に対し，営業利益700億円を誇ります。この高い営業利益率を可能にする同社の強みは，「世の中にない」生産性改善方法を顧客提案することにあります。センサーは，実はその「部品」にすぎません。営業は，まず自社の既存設計のセンサーの活用を考えますが，それができない場合は，開発に顧客仕様のセンサー開発を依頼します。すなわち同社のコアコンピタンスは，開発と営業の連携にあります。

開発：開発費は売上高の3.6％，営業利益の10分の1以下です。発売後2年以内の新製品が占める率は35％と，さほど高くありません。これは標準品の活用によるものかもしれません。

営業：直営システムをとっています。工場の現場に入り込むSE部隊の提案力・説明力が高いのが特徴です。SEの数はO社を上回っています。販売管理費も売上原価を上回ります。顧客は提案されたソリューションのコスト低減効果にお金を払います。すなわち，「部品」であるセンサーのコストとは分離されているのです。

生産：キーエンス自体はファブレス（fabless：工場を持たない企業）です。

10％の機密性の高い製品は子会社（クレポ）で生産し，残りは20社に分散して生産されています。子会社（クレポ）はマザー工場として機能しており，原価率は21％です。

要するに，
① アーキテクチャの選択
② 生産システムの選択
③ ビジネスモデルの選択

の間の整合性を保証することが，成功の一つの条件と言えましょう。

図7－17　アーキテクチャ戦略・生産システム選択・ビジネスモデルの連動で「強い工場・強い本社」を

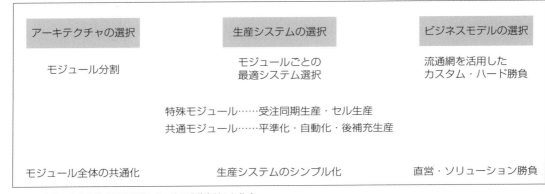

出所：藤本隆宏・東京大学「経営管理」その他の講義資料より作成。

(4) フレキシビリティの全体最適化

「ものづくり経営」における「フレキシビリティ」改善指導では，環境の変化・多様性を，製品・部品・設計要素・工程などの連鎖を通じて**多段階的に吸収**し，生産資源の変化・多様性を必要最低限に抑える「**全体最適化**」が基本になります。その際，できるだけ市場に近い段階で多様性・変化を削減した方が，より大きな量産効果が得られ，コスト的に有利になります。したがって，製品→部品→工程の順に考えていくことになります。

仮に，多様な市場ニーズを一つのタイプで吸収できる「**フレキシブルな製品**」があれば，「部品のフレキシビリティ」も「工程のフレキシビリティ」も不要で，シンプルな「1品種大量生産」体制で事足りるでしょう。多様な用途に1種類の車台で対応したT型フォードがその典型例です。

しかし，市場の多様化が進めば，こうした「製品段階での多様性吸収」のみ

では顧客ニーズと製品機能のギャップが拡大して，設計品質面で競争力を失います。かくして1920年代の後半に，「多様な製品」と「フレキシブルな部品（共通部品）」の組み合わせによって，GMがフォードを逆転しました。ところが，そのGMも1970年代になると，部品共通化のしすぎゆえに製品の差異性や「製品インテグリティ」が低下して，市場での評価を落とします。

これに対してトヨタなどの日本車がとったのは，むしろ「フレキシブルな工程」を活用する戦略でした。それによって，80年代には共通部品比率を低く抑えた「最適設計路線」で商品力を高め，世界シェアの向上に結びつけます。しかし90年代に入って量的拡大が止まると，部品の共通化が足りないこと，つまり「過剰設計」が日本車のコスト競争力を減殺するという事態に陥って，日本企業は共通部品の増加を余儀なくされました。例えば，1993年から2000年の間に，トヨタは約1兆円におよぶコストダウンを達成し，その金額をそのまま利益に結びつけました。

ある時期に競争力に貢献したフレキシビリティが，次の時期にはかえってその足を引っ張る，といった事態も珍しくはなく，「フレキシビリティのトータルマネジメント」は一筋縄ではいきません。したがって望まれるのは，フレキシビリティを自己目的化せずに，むしろ「必要悪」と考え，「必要最小限の製品・部品・工程フレキシビリティの組み合わせで最大の対市場効果をねらう」というクールなアプローチでしょう。

なにより，フレキシビリティの実現にはそれなりのコストがかかるという現実を踏まえ，図7−18に示したように，製品・部品・工程の間でどのようにフレキシビリティを配分するのが最適かという問いを，全社的・長期的視野か

図7−18　フレキシビリティによる多様性・変化の多段階吸収

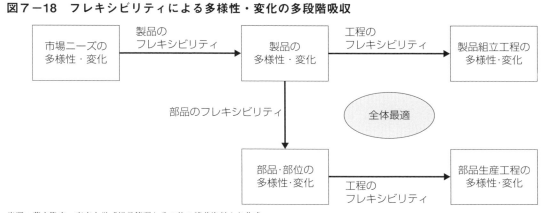

出所：藤本隆宏・東京大学「経営管理」その他の講義資料より作成。

ら検討することです。そのためには，製品のフレキシビリティを決めるマーケティング部門，部品のフレキシビリティを決める製品開発・購買部門，工程のフレキシビリティを決める生産・生産技術部門の間の連携調整が不可欠になります。

　同時に，時代の変化によってこうした製品・部品・工程間の「フレキシビリティの配分パターン」が変動していく可能性も考え，いざというときには高いレベルの部品・工程フレキシビリティを発揮できるような，ノウハウや組織能力を蓄積しておく必要もあります。とはいえ，その潜在能力を実際に行使するかどうかは別の話になります。例えば，生産技術部門が多品種少量生産に対応するフレキシブル工程の開発能力を十分に持っているとしても，とりあえずは「少品種大量生産」を理想として問題に取り組み，どうしても必要とされる部分に対してのみ工程フレキシビリティを行使する，という方針が無難でしょう。フレキシビリティに関する限り，「能ある鷹は爪を隠す」，つまり高い潜在能力を持ったうえでそれをできるだけ小出しにする方針で望むほうが，過剰フレキシビリティの弊害を避ける意味でも得策でしょう。

7 フレキシビリティ

Point

- フレキシビリティは，QCD に比べれば二次的な競争力の要素であるが，変化と多様性で特徴付けられる現代のものづくり現場に必須の能力である。
- フレキシビリティには，機能的側面と構造的側面がある。
  機能的側面：ある変化に対するシステムの対応能力
  構造的側面：生産資源に含まれる情報ストックの冗長性（ある意味で必要悪）
- フレキシビリティの構成要素として，
  部品フレキシビリティ：部品の共通化
  工程フレキシビリティ：工程の汎用化　がある。
- 必要最小限の製品・部品・工程フレキシビリティの組み合わせで，最大の対市場効果をねらう（全体最適化の重要性）。
- フレキシビリティは，全社的な取り組みが必要である（例えば，品質管理部や生産管理部とは違い，「フレキシビリティ管理部」というものは存在しない）。

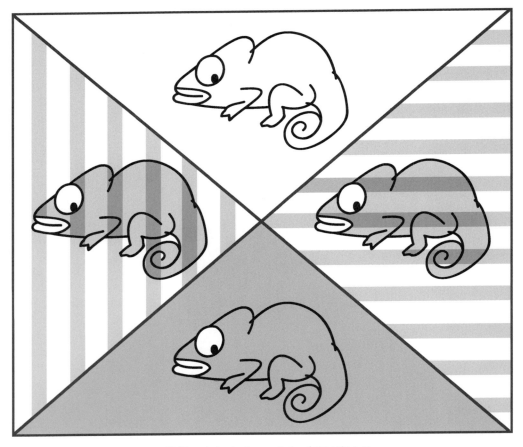

状況に合わせてフレキシブルに変える

参考文献

中沢孝夫・藤本隆宏・新宅純二郎共著（2016）『ものづくりの反撃』ちくま新書
藤本隆宏・新宅純二郎共編著（2015）『新訂グローバル化と日本のものづくり』NHK出版
藤本隆宏・新宅純二郎・青島矢一共編著（2015）『日本のものづくりの底力』東洋経済新報社
藤本隆宏・朴英元共編著（2015）『ケースで解明 ITを活かすものづくり』日本経済新聞出版社
藤本隆宏（2013）『現場主義の競争戦略―次代への日本産業論』新潮新書
藤本隆宏・柴田孝共編著（2013）『ものづくり成長戦略―「産・金・官・学」の地域連携が日本を変える』光文社新書
藤本隆宏（2012）『ものづくりからの復活―円高・震災に現場は負けない』日本経済新聞出版社
藤本隆宏・桑嶋健一共編著（2009）『日本型プロセス産業―ものづくり経営学による競争力分析』有斐閣
藤本隆宏・東京大学21世紀COEものづくり経営研究センター共編著（2007）『ものづくり経営学―製造業を超える生産思想』光文社新書
藤本隆宏（2004）『日本のもの造り哲学』日本経済新聞社
藤本隆宏（2003）『能力構築競争―日本の自動車産業はなぜ強いのか』中公新書
藤本隆宏編著（2003）『生産・技術システム』八千代出版
藤本隆宏（2001）『生産マネジメント入門（Ⅰ）（Ⅱ）』日本経済新聞社
藤本隆宏・下川浩一共著（2001）『トヨタシステムの原点―キーパーソンが語る起源と進化』文眞堂
藤本隆宏・武石彰・青島矢一共編著（2001）『ビジネス・アーキテクチャ―製品・組織・プロセスの戦略的設計』有斐閣
藤本隆宏（1997）『生産システムの進化論―トヨタ自動車にみる組織能力と創発プロセス』有斐閣
K. B. クラーク・藤本隆宏共著，田村明比古訳（1993）『製品開発力―日米欧自動車メーカー20社の詳細調査 実証研究』ダイヤモンド社
岩城宏一（2005）『実践 トヨタ生産方式―人と組織を活かすコスト革命』日本経済出版社
エリヤフ ゴールドラット原作，岸良裕司監修（2016）『ザ・ゴール2 コミック版』ダイヤモンド社
エリヤフ ゴールドラット原作，岸良裕司監修（2014）『ザ・ゴール コミック版』ダイヤモンド社
エリヤフ ゴールドラット，三本木亮訳（2001）『ザ・ゴール』ダイヤモンド社
大野耐一（1978）『トヨタ生産方式―脱規模の経営をめざして』ダイヤモンド社
㈱カイゼン・マイスター（2016）『トヨタから学んだ本当のカイゼン』日刊工業新聞社
岸良裕司（2011）『最短で達成する―全体最適のプロジェクトマネジメント』中経出版
桑田秀夫（1998）『生産管理概論』日刊工業新聞社
「工場管理」編集部編（1985）『現場を根こそぎ改善する事典』日刊工業新聞社
佐々木久臣（2005）『いすゞの製造現場から見た完璧品質をつくり続ける生産方式』日刊工業新聞社
J.M. ジュラン・F.M. グライナJr. 共著，日産自動車㈱訳（1974）『現代品質経営―製品開発から使用段階まで』日科技連出版社
新郷重夫（1980）『トヨタ生産方式のIE的考察―ノン・ストック生産への展開』日刊工業新聞社
武川洋三（1987）『品質管理入門』筑波書房
武川洋三（1977）『理工系学生・技術者のための品質管理』日科技連出版社
田中正知（2016）『トヨタ式現場管理―ものづくり日本再生のための7つのカイゼン』ビジネス社
土屋守章編（1986）『技術革新と経営戦略』日本経済新聞社
日本能率協会編（1986）『トヨタの現場管理―「かんばん方式」の正しい進め方』日本能率協会マネジメントセンター
秦俊道（2013）『これからの製造業のための ものづくり人材を育てるやり方・進め方』日本能率協会マネジメントセンター
原田武彦（2013）『モノの流れを作る人―大野耐一さんが伝えたかったトップ・管理者の役割』日刊工業新聞社
門田安弘（1985）『トヨタシステム―トヨタ式生産管理システム』講談社
マイク・ローザー＝ジョン・シュック共著，成沢俊子訳（2001）『トヨタ生産方式にもとづく「モノ」と「情報」の流れ図で現場の見方を変えよう!!』日刊工業新聞社

＜監修者紹介＞

藤本　隆宏（ふじもと　たかひろ）

1979年	東京大学経済学部卒業，三菱総合研究所入社
1984年	ハーバード大学ビジネススクール博士課程入学
1989年	博士号取得
1989年	ハーバード大学研究員
1990年	東京大学経済学部助教授
1996年	リヨン大学客員教授，INSEAD客員研究員
1996年	ハーバード大学ビジネススクール客員教授
1997年	ハーバード大学ビジネススクール上級研究員
1998年	東京大学大学院経済学研究科教授
2002年	日本学士院賞／恩賜賞受賞
2004年	ものづくり経営研究センターセンター長
2013年	一般社団法人ものづくり改善ネットワーク代表理事
2021年	東京大学定年退職，名誉教授。早稲田大学教授

主要著書：『製品開発力』キム・クラークと共著，ダイヤモンド社，1993年／『生産マネジメント入門（Ⅰ）（Ⅱ）』日本経済新聞社，2001年／『能力構築競争』中公新書，2003年／『日本のもの造り哲学』日本経済新聞社，2004年／『ものづくり成長戦略』柴田孝と共編著，光文社新書，2013年／『ホンダ生産システム』下川浩一らと共著，文眞堂，2013年／『現場主義の競争戦略』新潮社新書，2013年／『ものづくりの反撃』中沢孝夫，新宅純二郎と共著，ちくま新書，2016年など多数。

＜編者紹介＞

一般社団法人ものづくり改善ネットワーク

2013年，ものづくり現場改善振興を目的に設立。地域インストラクタースクール関係者の交流，情報交換，改善インストラクターをめざす皆様への導入教育講座（ものづくりシニア塾），ものづくりに関する情報提供，地域産業振興に関わるセミナー開催などを行っている。

Yutube公式チャンネル：https://www.youtube.com/@user-db2ox7dk4e/featured

ものづくり改善入門

2017年5月10日　第1版第1刷発行	監修者　藤　本　隆　宏
2023年8月15日　第1版第3刷発行	編　者　一般社団法人ものづくり改善ネットワーク
	発行者　山　本　継
	発行所　㈱中央経済社
	発売元　㈱中央経済グループパブリッシング

〒101-0051　東京都千代田区神田神保町1-35
電話　03（3293）3371（編集代表）
　　　03（3293）3381（営業代表）
https://www.chuokeizai.co.jp
印刷／昭和情報プロセス㈱
製本／誠製本㈱

© 2017
Printed in Japan

＊頁の「欠落」や「順序違い」などがありましたらお取り替えいたしますので発売元までご送付ください。（送料小社負担）

ISBN978-4-502-22931-2　C3034

JCOPY〈出版者著作権管理機構委託出版物〉本書を無断で複写複製（コピー）することは，著作権法上の例外を除き，禁じられています。本書をコピーされる場合は事前に出版者著作権管理機構（JCOPY）の許諾を受けてください。
JCOPY〈https://www.jcopy.or.jp　eメール：info@jcopy.or.jp〉